「わかってはいるけど動けない」人のための

0秒で動け

Yahoo!アカデミア学長

伊藤羊一

Yoichi Ito

「スピードが大事」

「人生は時間が限られている」

「だから早く動いたほうがいい」


そんなこと、頭ではわかっているんです。

でも、すぐには動けない。

毎日の仕事の中で、ずるずると引っ張ってしまい、いつしか
「動けなくて、できなかった」

「動けない自分はダメだ」

ということになる。

負のスパイラルに陥ります。


だからといって「気合」だけで動くわけにもいきません。

無理して「気合」で動いたところで、後で反動がきます。

物事を動かすためには、人も動かさなければなりません。

世の中はどんどん、先が見えなくなる一方です。

「こうすればこうなる」と、確証を持って「次」に向かえる時代ではありません。

会社も、上司も、個人も、みんな悩みながら、動いています。


先に言っておきたいのは、「わかってから動く」ことはできない、ということです。

「確実に成功する」とわかっていてもいなくても、自信なんて100%なくても、動かなければいけない、という場面ばかりです。


「100%確信はない」だけど「動かなくてはいけない」

そんなことの連続でしょう。


本書では、私が長い社会人生活のなかで培ってきた

①動ける人と動けない人は何が違うのか
②わかっちゃいるけど動けない時に、どうしたらいいのか
③行動をどう積み上げ、継続するか

についてお話ししていきます。

「すぐ動ける人」と「動けない人」では、思考・行動に明確な差があります。

ただし、そんなに難しいことではありません。

意識すればすぐに変化が現れると思います。本当に、ちょっとしたコツなんです。

はじめに

「自分の人生を変え、イケてる未来をつくるには、どうしたらいいですか？」

講演や研修の講師として登壇していると、こんな質問をいただくことがあります。

私は、いつも同じことを言います。「今日の行動を変えましょう」

現在の自分をつくっているのは、過去の行動の積み重ねです。もし昨日までと変わらない今日を繰り返していたら、その延長線上にあるのは、現在と変わらない（少し歳をとった）自分ということになります。ですから、もし未来の自分を変えたいと思うなら、今この瞬間から行動することが必要なのです。

たとえばオーストラリアで英語を使った仕事につきたいとします。「英語がペラペラになりたい」「オーストラリアで仕事がしたい」という目標を机の前に貼っておいただけでは、いつまでたっても何も変わらないのは、皆さんおわかりですよね。まず英語を学び、オーストラリアに行き、現地で働いている日本人に話を聞き、海外で働くことについて調べ、英語で仕事をする経験を積み……といった行動を積み重ねていくことで、初めて夢に近づいていきます。

日常の仕事でも同じです。何か実績を上げようと思ったら、または何かを変えたいと思ったら、まずは行動していかなければ、何もはじまらない。

ただ、この「行動する＝動く」ということが難しいのです。


やりたいことや叶《かな》えたい夢がある。

このままじゃダメだと思うから、自分を変えたい。

新しいことをはじめたいけれど、踏ん切りがつかない。

会社の業務プロセスを変えたいけれど、何からはじめていいかわからない。

「とにかく打席に立て」と言われるけれども、そもそもどうやって立っていいのかわからない。

そんな悩みを持っている人は多いのではないでしょうか。

私自身、20代の頃は、どうすれば「動く」ことができるのか、わかっていませんでした。同僚たちの華やかな活躍を横目に見ながら、どう仕事をしていったらいいかわからないし、上司や先輩とどう話したらいいかもわからず、結果として、成果を出す以前に何も動けない状態でした。そのうち朝起きて会社に行くのが苦痛になり、メンタル不調に陥っていきました。

そんな私も、今ではヤフーの企業内大学であるＹａｈｏｏ！アカデミアの学長を務めるかたわら、ビジネススクールの講師としても活動し、リーダーシップやプレゼンテーションについての数多くの講演で登壇したり、本を書いて、世間にメッセージを伝えたりしています。ベンチャー企業の若いＣＥＯたちに、プレゼンの稽古をしたり、事業の相談にのったりしています。要するに、人に何かを「先生」として教えることをしています。30代になり、少しずつ自分が動き、仕事の成果も出るようになった結果、おかげさまで、たくさんの素敵な仕事をいただきながら、楽しく、日々を過ごしています。

朝起きるのも、会社に行くのもつらかった私が、なぜ動けるようになったのでしょうか。

「やる気」で人は動くのか？

何か行動する時に、「モチベーション」「やる気」「気合」が大事、といった話になることがあります。

「やる気」は確かに大事です。私も「最終的にはやる気だよ！」と思っています。でも、それだけに頼って、行動できるものでしょうか？

考えなしに動いても得られるものは少ないし、

・どこか腑《ふ》に落ちない
・これでうまくいくかどうか心配がある
・反対されるかもしれない

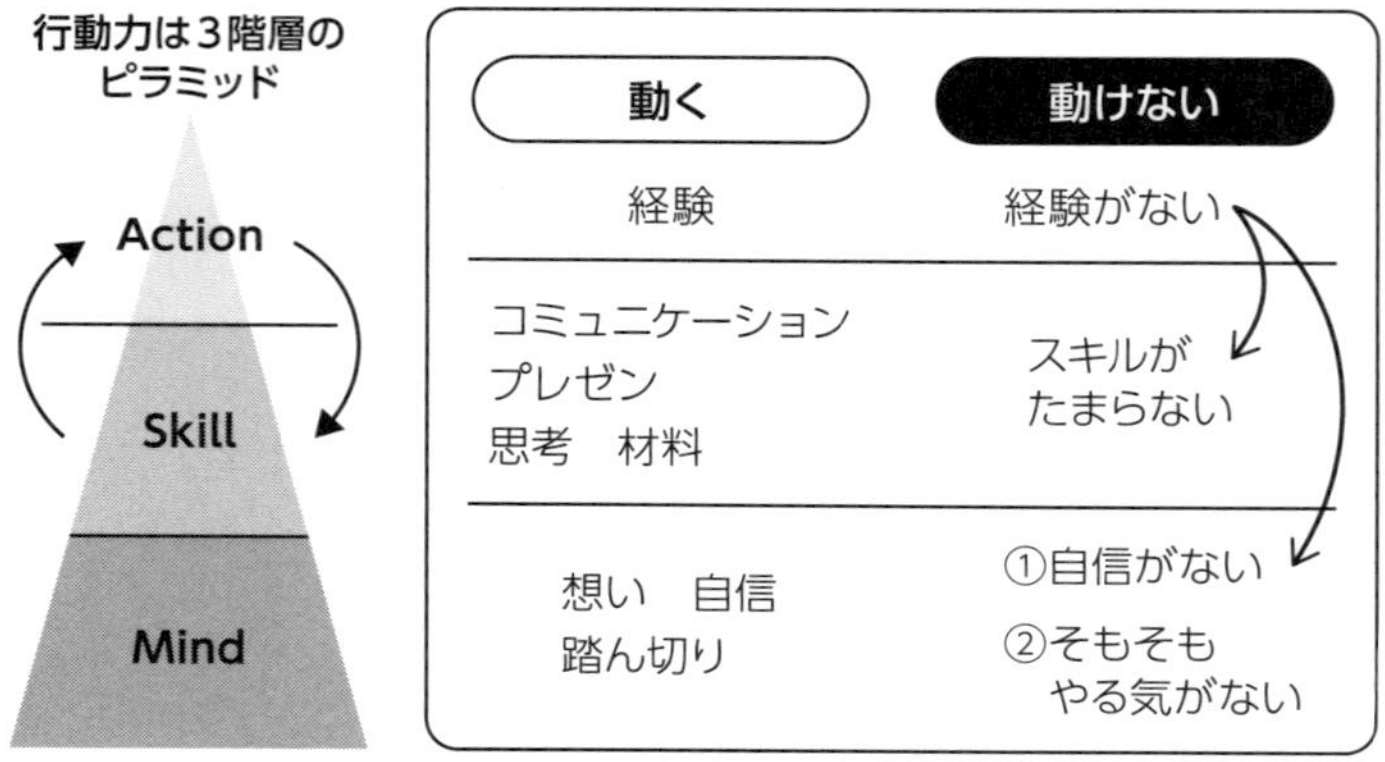

・こんなこと言ったらバカにされる

といった気持ちがあると、気持ちよく動けないのではないでしょうか？

「行動力」は、上の3階層のピラミッドによって成り立つものだと私は考えます。これは氷山になぞらえています。

一番下は、マインドです。「こうしたい」という想いとか、「志」「情熱」など、自分自身が動くための力の源泉になるものです。

その上にあるのはスキルです。

コミュニケーションやプレゼンなど、他人との関係性を築くスキル。そして、自分が納得しやすい仮説をすぐに立てられる思考のスキルなどです。自分が担当している仕事をやるうえで必要な知識やスキルもあるでしょう。この2つが水面の下にあり、他の人からは見えない要素です。

そして水面の上にアクション（行動そのもの）があります。行動は他人から見えるので、水面の上にあります。行動すれば行動するほど、経験値がたまるから、行動力がつきます。また、ここが積み重なると、意思決定するスキルもつき、また、自信や想いなど、マインドも強くなります。

要するに、動けるようになるための要素としては、「行動しよう！」という「**マインド**」と、どうやって行動し、人を巻き込むか、という道筋をつくる「**スキル**」と、そして「**アクション**（**行動そのもの**）」があるのです。それらを鍛えていけば、少しずつ「動ける」ようになります。

行動力のある人は、「思い立ったらすぐ行動」↓「行動したら振り返って気づきを得る（結果、スキルやマインドが強化される）」という形で、マインド・スキルとアクションのサイクルを常に回していますから、結果的に、さらに行動できるようになっていきます。

ぜひあなたにも、行動のサイクルを回して、自分や組織を引っ張っていってもらいたいなと思い、この本を書きました。20代の頃、まったく行動できなかった状態から、今、それなりに行動できるようになってきた自分が、何をどう考え、変えてきたか、自分の経験に基づく極意をわかりやすく、言葉にしてみました。

この本にあることを試していただき、明日から、これまでより気楽に行動することができるようになり、より仕事が楽しくなっていただければ幸いです。

2019年7月

Yahoo!アカデミア学長　伊藤　羊一

本書で目指すのは

行動力があって
みんながついていきたくなる人

右脳で一瞬でポジションをとる

↓

結論に紐《ひも》づけているデータと事実を用いて
一瞬で仮説を述べる

↓

腹落ちしてすぐ動ける
みんなも納得してすぐ動ける

↓

失敗したら軌道修正

※上記のサイクルで確実に成長する
※志に基づいているので、やりたいことやゴールに早くたどり着ける

こんな状況を改善しよう

自分の存在感を出せない

急に振られても意見がない、
もしくは確証が持てないので、
何も言えない・動けない

↓

言われたことをする以外になくなる
自分が納得できないとモチベーションが低くなる

いつまでたっても動けない

データや情報を集めて答えを出そうとする

↓

いつまでも集め続けて、結局動けない

こんな状況を改善しよう

他人が気になって動けない

会議等で意見を言おうとする

↓

反論が出たり、反応がなかったらどうしよう

↓

怖くて動けない、提案もできない

なんとなく動けない

データや情報を集めて悩む

↓

なんとなく結論が出る

↓

腑に落ちないので動けない
(やろうと思っていつの間にか1週間たっていたりする)

Contents »

第2章

一歩踏み出す

第3章

人を動かす

第4章 「軸」を持て

第 1 章

結論を出せ!

動ける人の考え方

○

動くための「スキル」を持っている

×

「やる気」のみに頼る

すぐ動くためには「思考のスキル」がいる

「ビジネスマンにとって大事なことは何か」ということがテーマになった時、「踏み出すのが大事」「まず動く」とよくいわれます。

確かに、最終的には踏み出したり、動いていくことが大事なんですが、「それができないからつらいんだよね」という方も多いと思います。

そして、「当たるも八卦《はっけ》、当たらぬも八卦」と、「えいや」で動くわけにもいかないでしょう。それで動ける方もいますが、それは、「動く」ことで経験をし、成果につながることがわかっている方。

なかなか動けない方にとっては、「こういう状況ならいける」「今はストップ」「すぐ動くべき」という状況の判断をしたいところです。そういう判断をしてから動き、その結果がうまくいけば、「ああ、自分の判断は正しかった」となりますし、うまくいかなかったら、「あの判断は違うということがわかった」ということで、改善につながります。そんな経験が積み重なっていけば、より精度の高い行動につながるわけです。

ですので、動くためには、やる気や勇気も必要ですが、**「スキル」も必要**です。

１００％の確証がなくとも、腹落ちする結論をすぐつくることができれば、自分自身も納得して、自信を持って動き出していくことができます。

私は、すぐ「行動」するためには、①自分なりの結論をすぐ着想し、②仮説を組み立て、③自信を持って踏み出す、という３つが大事だと考えています。

第１章では、前半２つについて紹介していきます。

動ける人の考え方

○

「頭出しの結論」が出せる

×

事実とデータの中で
悶々とし続ける

「頭出しの結論」を出そう

動くためには、まず「(どう動くかの)結論」を出すことが大事です。
そもそも「結論」がなければ、どちらの方向に向かっていけばいいのかわかりません。

まず意識してほしいのは **「頭出しの結論」** を出す、ということです。
100%の正解がない中では、「まずは結論を出してみること」が大事です。それが最終結論ではなくても、よりよい結論にたどり着くための「頭出し」をすることに大きな意味があります。ひとまず結論を出してみた！というノリで出してみましょう。

小さな課題や問題なら、この「頭出しの結論」があれば、まずは動けます。あとはトライアンドエラーです。やってみて、「ああ、これでいいや」とわかればそのまま進むし、「これは間違いだった」とわかれば修正する、ということです。

たとえば会議の場面を思い起こしてみてください。

会議がはじまったものの、誰も発言せず、シーンとしている。議長が「何か意見はないですか？」と聞いても、意見が出ない。このままだと、行き詰まって「どうしよう」「困ったね」と言うだけで、結局何の意見もないまま「では時間がないので次回に」となってしまうでしょう。

その時に、仮でもいいので**「これは、こういう方向がいいのではないでしょうか？」**という意見があれば、それを軸に、「いやいや、じゃあこういうふうにしたほうがいいんじゃないの」「俺は絶対こうなんだよね」と、最初の意見が呼び水になって、議論が活発になったりします。たたき台が生まれて物事は進むわけです。要は、「頭出しの結論」とは、たたき台です。

最初に意見を言うのはみんな怖いから、黙っているわけですね。

最初に口火を切るのは、勇気のいることです。周囲から「バカじゃないか？」と思われるのがいやだとか、反論されると困るといった気持ちは、当然誰にでもあるでしょう。

でも、正解がわかってるのなら、会議なんて不要なわけです。自分も間違っているかもしれないし、相手も間違っているかもしれない。**「やってみないとわからない」という状況は、誰でも同じなのです。**

その時、あなたは誰かが動くのを待って後からついていくのでしょうか？　それとも自ら方向を示したい、もしくは方向を示すことに貢献したいでしょうか？

もちろん、人についていくスタイルもあるでしょう。自分で意思決定はしないけれど、頑張って人をサポートしたいのであれば、そういう動き方を徹底的にすればいい。でも、そんな人だって、自分が「いの一番」に発言しなければいけない時もあります。いの一番でなくとも、もし自分に考えがあるのなら、言わなければいけない。何かアイデアがあるなら動かなければならないと思うのです。だとしたら、自分が頭出しをする、という役割を持ってみるのもよいのではないでしょうか。

それを続けると、「お、いつも彼（彼女）は最初に意見を言うね」と周囲が好意的に見てくれるようになります。すると、意見を言うことに対するハードルは下がっていきます。たいていの場合、その意見のクオリティがそんなに高くなくても、「最初に意見を言うことで、場を活発にしてくれる」と思ってくれるようになるからです。

「ポジションをとれない」＝「その場に不要な人」

すぐ動ける人は、「自分なりの結論」をすぐ出しています。

つまり、**「すぐ、（自分の）ポジションをとれる」**ということです。

どちらの意見がいいと思うのか、自分の立場や方針を決めることを、「ポジションをとる」と言ったりします。言葉の通り、自分の立つ場所を決めることからきています。

ポジションをとるためには、「自分なりの結論を出して伝える」ことが必要です。

たとえば社内会議で、A案とB案に意見がまっぷたつに分かれたとします。

「きみの意見は？」

こんなふうに上司から聞かれたら、あなたはどのように答えますか？

［Ⅰ］

Ａ案は、知名度アップにつながる可能性がありますし、売上も上がるかもしれません。しかし予算オーバーする危険があります。Ｂ案は、予算内のプランです。これまで当社の商品を買ってくれているお客様にも喜ばれるのではないでしょうか。

［Ⅱ］

Ａ案がいいと思います。当社の商品はリピーターの固定ファンに支えられていますが、市場シェアは下降しています。ここで思いきって、これまで当社商品を知らなかった層にも認知を広げるべきです。

さて、どちらが物事が早く進みそうでしょうか？

Ⅰは、質問に対して回答しているようで、実は何の意見も言っていません。要するにＡ案がいいのか、Ｂ案がいいと思うかという結論がないのです。実際には、こうした形で、「賢そうだけど、何も言っていない意見（らしきもの）」が出てくるケースは、非常に多いです。

一方で、Ⅱは、少なくとも「A案がいいと思う」という自分の結論は相手に伝わります。そうすると相手は、それに賛成とか反対とか、もう少し説明が聞きたい、という意見や感想を持つでしょう。そして議論は進みます。

ここでの結論は、あくまで頭出しの「たたき台」で構いません。「こうかな？」となんとなく思うことでも、言葉にしてしまえば、次に進めます。もし、その結論が却下されたり、違っていたとしても、少なくとも選択肢の1つは消すことができます。

つまり、すぐ動ける人は、「頭出しの結論」をすぐ出せる。結果、ポジションをとって、すぐ動いていける、ということになります。これは、会議の場での話だけでなく、他のケースにおいても同様です。

今の日本は終身雇用が崩れてきて、保身しているだけでは誰も守ってくれない時代に入ってきています。意見を言わないことは、自分の身を守ることではなく、「いらない人」「会議に来なくてもいい人」とみなされてしまうことになるでしょう。

それよりも、A案かB案かをスピーディに決めて動き出し、もし失敗したとしても、すぐに軌道修正する。そんな個人やチームがどんどん勝つ時代になっています。

行動が早い人は、まずポジションをとります。

「その件はもう少し調べてから……」などと言って、結論を先延ばしにしている限り、行動できません。まずたたき台でいいから、自分の中に結論を出すのです。

動ける人の考え方

○

調査を依頼されたら、
その目的と方向性、報告書の体裁案だけ、
翌日確認し、３日後にラフな体裁で
ストーリーを提出する

×

立派な形にしようと
提出期限ギリギリまで１人で粘り、
完成形で提出する

ベータ版（β版）を出せる人、出せない人

「1週間後までに○○の市場について調査してください」

上司からそんな指示を受けたとします。

Aさんは、立派な形に仕上げて提出しようと考え、提出期限のギリギリまで調査を続け、1人でレポートを完成させて提出しました。完成度は高いものでした。

Bさんは、仕事を頼まれた翌日、紙1枚を上司に提出しました。そこには調査の目的と方向性、報告書の体裁案が簡単に書かれていました。「この方向で進めていいでしょうか？」。Bさんは上司のゴーサインをとると、それから調査をはじめ、3日経過したあたりで、ラフなレポートを提出しました。上司からは「内容に粗さは残るも

の の、方向性はそれでＯＫ」と言われました。

どちらがいいでしょうか？

ケースバイケースではありますが、私なら、Ｂさんの仕事の進め方を評価します。Ａさんのように、提出期限ギリギリまで自分で仕事を進め、最後に完成版を出す進め方だと、その目的や方向性などが掛け違っていた時、リカバリーする時間がないのです。

もちろん、掛け違いがないように指示するのが上司の仕事でもあるのですが、まずラフな形でいいので、どんなふうに進めようと思っているかというイメージを早い段階で何度か上司と共有する。それから本格的に進めたほうが、後になってから「やり直し」になる手間も省けます。上司への報告に限らず、社外の取引先と協業して仕事を進める時も、同じかもしれません。

インターネットサービス等では、「ベータ版（β版）」という言い方をします。正式版を公開する前に、まずは試しにユーザーに使ってもらうためのサンプルのソフトウェアやアプリのことを指します。いわば、お試し版ですね。

ソフトウェアやアプリには、小さなバグがつきものです。正式版として発売してから、致命的なバグが見つかったら、とんでもないことになります。一度販売した商品を回収したり、そのための広告を出したり、たくさんのお客さんに返金しなければいけないかもしれません。

ですから、正式版を出す前に、あえて未完成版を出して使ってもらい、改善点などを集め、正式版の完成度を高めていくのです。


仕事の進め方として、時間をかけた完成版を出すのか、まずベータ版を出すのか、どうするかは、もちろん、その業界やプロジェクトの特性にもよります。

たとえば、自動車などの場合には、ベータ版を市場に出すことはしません。当然ながら顧客に未完成版を渡すことは、人命にかかわるからです。そのかわり、何度も何度も社内で走行テストを行ないます。

大事なのは、まず形にしてみて、そこからトライアンドエラーを繰り返していくことなのです。設計時点で入念に計算することももちろん大事ですが、完璧に安全で、性能がよい自動車の設計書を最初から書くことは、おそらく不可能でしょう。完璧だと思っても、いざ走らせてみると、その通りにいかず、思っていた性能が出ない、ということもあります。そこは、実際に走らせてみないとわからない。

まずは形にして、走行テストを繰り返す。すると、多くの検証データが集まってくる。そのデータをもとに改善策を議論し、実行する。そういうサイクルを回しているのです。そういう意味では、これも、言ってみれば「形にするための、ベータ版」ですね。

日々の仕事では、まず早い段階でベータ版を求められる場面がどんどん増えています。トライアンドエラーのサイクルを回していくことで、完成度を高めていく手法が求められるようになっています。

仮説のあるところに情報は集まる

「ポジションをとって頭出しの結論を出す」にしても「ベータ版を出す」にしても、大事なことがあります。それは、早い段階で「仮説」を出して、仮説に基づいて考えていくということです。仮説とは、「おそらくこうだろう」という仮定です。仮説を立てながら、判断材料にしていくわけです。

たとえば新規事業として、「介護施設向け介護用品のデリバリーサービス」をはじめるかどうか意思決定するとします。新しいことをはじめる時には、なかなか結論は出ないものです。新しいことなので、過去の経験から判断することができないわけですね。

まずは市場の調査をします。ニーズがあるのかないのか。何を機能として顧客に価値を提供し、また、どんな打ち出しをしたらウケるのか。そして最終的に、やるのか、やらないのか、と結論を出していかなければなりません。

結論は、いくつかの「仮説」に基づいて判断することになります。

たとえば、市場の調査に基づき、次のような仮説を出していきます。

・一方、シニア人口の増大に伴い、今後、介護施設は増えていくだろう
・介護施設で働く人の数は、なかなか増えないだろう
・介護施設にとって、介護用品のワンストップショッピングのニーズは高いだろう
・顧客である介護施設の多くは、単品ではなく、きっと色々な商品をまとめて買うようになるだろう
・介護施設は、他のサービスで購入していた商品も、徐々にこのサービスで購入するようになるだろう

このそれぞれが仮説です。データを漫然と眺めるのではなく、**「データから言えそうな未来のこと」**を考えて、メッセージにしていくのです。

この仮説を組み合わせながら、

「だから、弊社の介護用品デリバリーサービスの顧客となる介護施設は増えていくだろうし、1注文あたりの販売額は増え、結果、利益率は上がっていくだろう」

というさらなる仮説が導き出されます。

そしてそれが、「介護施設向けのデリバリーサービスをやろう！」という結論につながっていきます。

もちろん、その結論に従って新規事業をはじめたら、失敗することもあるかもしれません。そもそも仮説だってその通りになるかはわかりません。

けれども、仮説を立てることで、その仮説を裏打ちするための情報を集めることができたり、その仮説が間違っていないかどうか確かめるために、色々な角度から調べたり、社内外からフィードバックをもらえるようになります。

まずは仮説を立てて、その仮説に基づいて結論を出す。その結論を実行してみて初めて、仮説が正しいか、結論が正しいかを、検証することが可能になるのです。

「データを集め分析する」とは、データを見ながら唸《うな》ることではなく、データから見えることを、「〜だろう」というメッセージ（仮説）にする、ということです。

結論の出し方

○ 直感を大事にする

× データと延々とにらめっこする

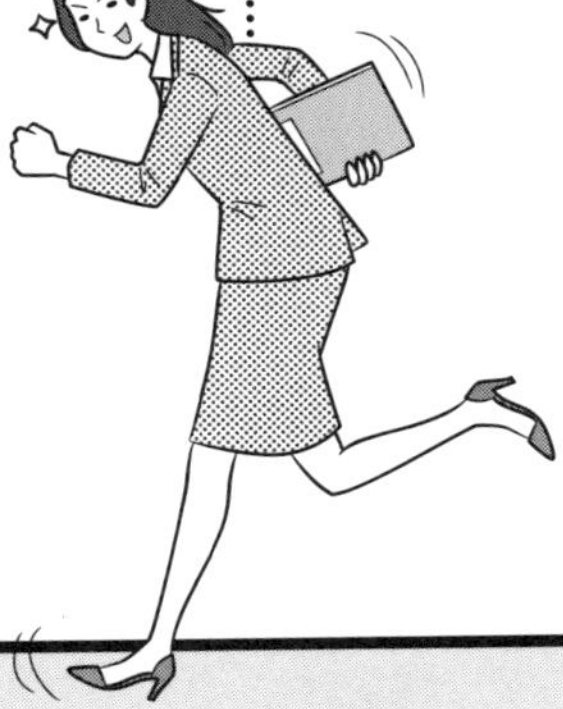

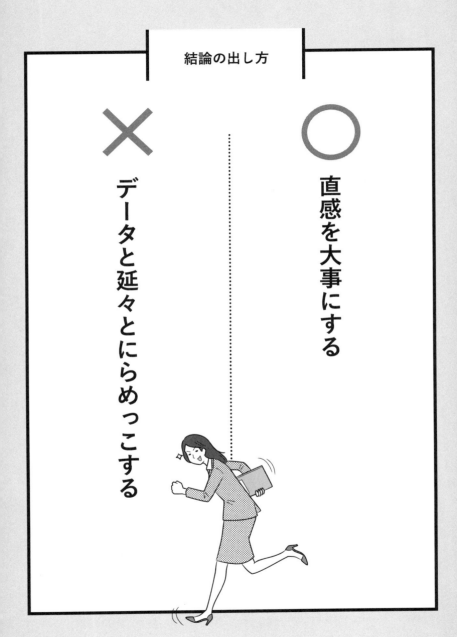

直感を仮説にする方法

では、どうしたら、多くの事象や情報から即時に「仮説」や「頭出しの結論」を出せるようになるのでしょうか。

私が見ている限り、行動が速い人は、「直感」を多用しながら頭を整理しています。そもそも、とっさに意見を求められた時など、データや判断材料を集めていられないことがありますが、判断が速い人は、そんな時でもすぐにポジションをとります。「直感」に基づき、さっと「仮説」やそこから得られる「頭出しの結論」を出します。

膨大なデータを分析して、論理思考を駆使しながら結論を出すだけではなく、なんとなく「あ、これいいな」「面白いな」「これはいけそうだ」という直感（ひらめきと言ってもいいかもしれません）が湧くことは誰にでもあります。こうした直感やひらめきを大事に「仮説」や「結論」を出してみましょう。

事実や数字から直感で仮説を立てる

何かを決定したり結論を導く際に、「数字やデータに基づいて判断せよ」と言われることはよくあります。

だからみんな、数字やデータとにらめっこしながら結論を出そうとします。そうではないんです。というか、「それだけではない」のです。

商品の宣伝の例で考えてみましょう。

「A商品では朝の情報番組にテレビCMを流したら売上が倍になった」が事実だとします。

でも、だからうちの商品も朝の情報番組にCMを流したら売上が倍になる、と決めていいかというと、そうではありません。

「以前に20代会社員女性向け商品のテレビCMを朝の情報番組に流しても、売上が上がらなかった」

「お弁当に使えるB商品は朝の情報番組にテレビCMを流したら売上が3倍になった」

「洗濯に使うC商品も朝の情報番組にテレビCMを流したら売上が増えた」

「40代向けファッションブランドのD社は朝の情報番組にテレビCMを流したら売上が倍になった」

そこから、「40代の主婦層を狙った商品は、朝の情報番組にテレビCMを流したら売上が上がるだろう」という仮説ができてはじめて、「だから40代主婦層を狙った弊社の商品も、朝の情報番組にテレビCMを出そう」という結論が生まれるわけです。

仮説は、「方向性」を生みます。

そしてその仮説は、直感、つまり自分の感覚を完全に排除して、データと事実の積み上げだけで立てられるものではない、と私は考えます。

この場合なら、「朝の情報番組は主婦向けのCMを出したら売れる」と自分のなかで直感的に思っていて、それをデータや事実で肉づけしているのです。

ひとつ問題は、その直感があるために、集める情報も、「A商品は朝の情報番組にテレビCMを流したら売上が倍になった」「お弁当に使えるB商品も朝の情報番組にテレビCMを流したら売上が３倍になった」など、直感に沿った情報に偏ってしまう可能性があることです。人間の脳は無理やり自分の直感に近づけようとして、そういう情報ばかり集めてしまうものだからです。これを「バイアスがかかる」といいます。要は、思い込みですね。

ただ、「素早く動く」ことを念頭においたら、それでもいい、と私自身は考えています。完全に思い込みを排除して考えるのは難しいので、「思い込みはなるべくやめよう！」と認識しておきつつも、とにかく「〜だろう」という仮説をつくって、事実やデータに方向性を与えることを優先する考え方です。やってみてその仮説のクオリティが低ければ、修正すればいいのです。

もちろん、クオリティが低い仮説をじゃんじゃんつくろうぜ！ということではありません。仮説のクオリティは高いほうがいいに決まっています。ただ、いきなりクオリティの高い仮説を、事実やデータから出していこうとしても難しいので、イマイチでもいいからまずは仮説を立てて、結論を出し、踏み出して、という経験をたくさんしようよ、ということです。そうしているうちに経験値が高くなり、仮説のクオリティも上がっていきます。

大事なのは、まず「自分の感覚ならこうだよなぁ」という「直感」に従うことです。経験がなくても、本能と直感で「いやー、これだろ」というイメージを持ちましょう。私の感覚では、こんな感じです。

①まず、直感、つまり「右脳」の感覚に従って仮説をいくつか立てる
②その後、ロジカルな部分を担当する「左脳」で事実やデータから根拠をまとめ、頭出しの結論を出す
③また右脳に戻り、「その結論は自分にとってワクワクするか？」「自信を持ってそう言えそうか？」と検証し、何か違和感（これも直感ですね）を感じたら、

左脳に戻り、結論と根拠の組み合わせを点検する

こうして、右脳と左脳を行ったりきたりしながら、自分の考えを深めていきます。直感が右脳から生まれるとすれば、情報やデータに基づいて検証していくのは、左脳的な作業ということになります。右脳の直感と、左脳の検証で、「仮説」のパッケージや、結論をつくるのです。左脳だけでなく、右脳と左脳を行ったりきたり、というキャッチボールができるようになると、思考や発想の幅がグンと広がります。

最初は右脳で、本能と直感に従って仮説を立てる。これです。

直感は誰にでも使える

直感やひらめきは、事実やデータとは関係なく生まれるというイメージがあるかもしれませんが、実は膨大な情報を無意識に整理して生まれるのではないかといわれています。

将棋の羽生善治九段は『直感力』という本の中で、「直感の7割は正しい」と言っています。

棋士は1つの局面の中で、あらゆる指し手の検証を行ないながら駒を進めますが、そうした経験の積み重ねから、無意識に浮かび上がってくるのが直感だというのです。

羽生九段ほどのプロフェッショナルでなくても、私たちは仕事でも、仕事以外でも、日常生活で様々なことを経験しています。

新入社員にしたって、すでに長い間生きてきて、いろんな経験をしているわけです。だからその経験に基づいた本能と直感で、ひとまずの意見を言うことはできるはずです。**正しい、間違っている、ではありません。仮説を立てる、結論を出す、意見を言う、ということをしてみるのが大事**なのです。

たとえば、ある商品の販促企画をするにあたり、特典をつけるキャンペーンをするか値引きをするか、迷ったとします。「自分は新人だし決められないな」と思うかもしれません。でも、新人で販促や営業の経験はしていなかったとしても、人生の中で、顧客としての経験はあるはずなんです。だから、その感覚でひとまず決めればいい。一度決めてやってみたら、自分の経験になり、その後、同じようなことがあれば、「直感」に「経験」が加わって、より結論を出しやすくなります。

繰り返しますが、自分の直感を信じて、まずは方向性をつけてみることが大事。もちろん、最初は、直感に自信が持てないとか、そもそも直感が出てこない、ということもあろうかと思います。また、直感で仮説を立てて結論を説明したら、上司にコテンパンにされることもあるかもしれません。

それでもいいのです。それでも、直感で仮説を出そうとする。そうして、無理やりにでも仮説をひねり出し、その仮説から結論を出し、その結論に基づいて動いてみる。

それを繰り返すから、本当の自信につながっていくのです。そのプロセスを踏んだ回数だけ、「仮説力」は高まり、結果として動けるようになっていくのです。だとしたら、最初はどんなにイマイチでも、直感を大事に、踏み出すしかないのです。

結論の出し方

○

直感×構造でピラミッドをつくる

×

直感が生まれたら、それだけに従う

瞬間的に「結論」を出すための伊藤式「結論と根拠のピラミッド」

仮説とは、経験や知識、データなど、様々な事象から「こんなことが言えそうだ」ということを考えることです。直感を大事にしながら仮説を立て、その後、これから話す**「結論と根拠のピラミッド」**で「構造化」します。

なぜ結論と根拠が「ピラミッド」になるか、というと、1つの結論に対し根拠が3つくらいになるので、並べると、三角形でピラミッドのような形をしている、ということです。根拠から結論を出すための道具で、ピラミッドストラクチャー、とも言います。

仮説をピラミッドの形で構造化するやり方は、誰にでも身につけることができます。

私が実践している「伊藤式ピラミッドの考え方（といいますか、ロジカルシンキン

ピラミッドで根拠と結論を整理する

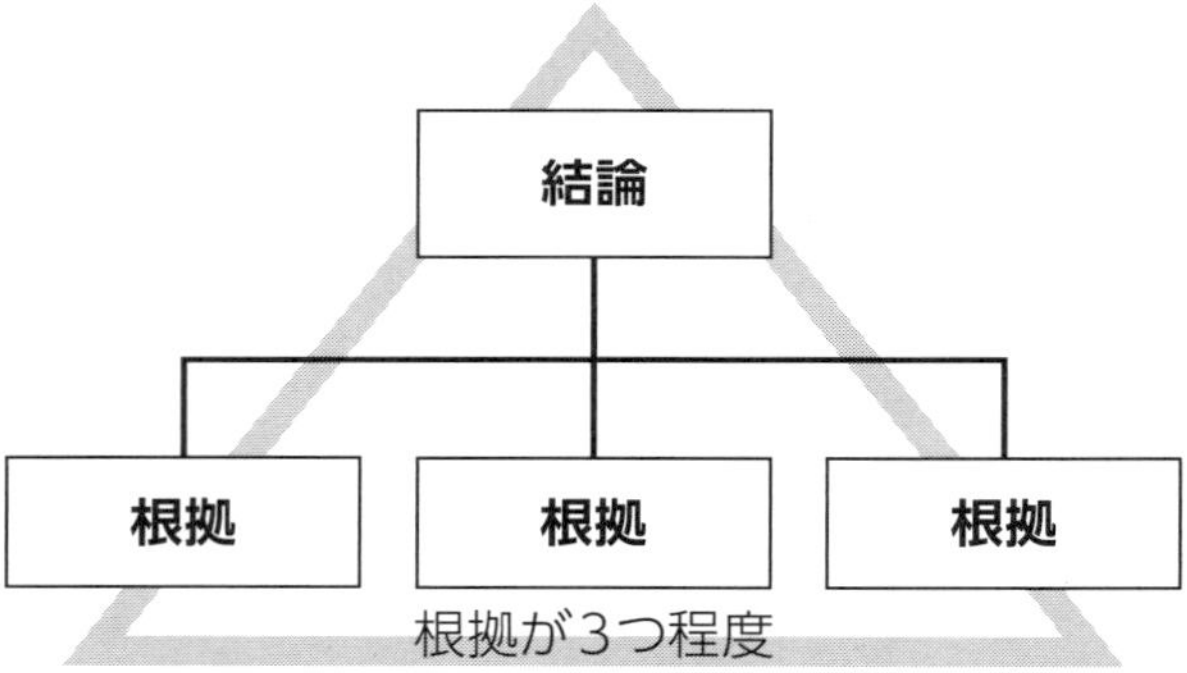

グの基本です）」をご紹介しておきましょう。

「動く」ことができない人は、膨大な情報の海に埋もれてしまって、そこから「結論」を出せずにいます。ひとまず、いろんな情報から、こういう仮説を考えてみたとします。

「グローバルに活躍する人はますます増えるだろう」

「外国語ができる人は、日本語しか使えない人より重宝されるだろう」

「ビジネスでの公用語は英語だが、これからは中国語の重要性が高まるだろう」

いろんな情報やデータを見ながら、この

くらいの「～だろう」の仮説を立てます。

しかし、これだけ並べても、「だから何？」となります。

これは「結論と根拠のピラミッド」の「根拠」になりますが、「結論」がない状態になっています。いわば、てっぺんのないピラミッドです（「結論と根拠のピラミッド」については、前著『1分で話せ』で詳しく解説していますのでご覧くださいね）。


このように、「仮説」から、「だから何？」「だからどうする？」と問いながら、自分なりの「頭出しの結論」を出すわけです。ここで注意していただきたいのは、「正解」があるわけではないことです。あくまで、自分なりの結論を出す、でよいのです。


ここでは「中国語の教室に通い、勉強しよう」という結論にしていますが、たとえば、「ひとまず中国出張に行き中国を体感しよう」という結論になるかもしれません。

大事なのは、「～（根拠）だから、～（結論）である」と読んでみて、意味が通じるかです。

てっぺんのないピラミッドとてっぺんのあるピラミッド

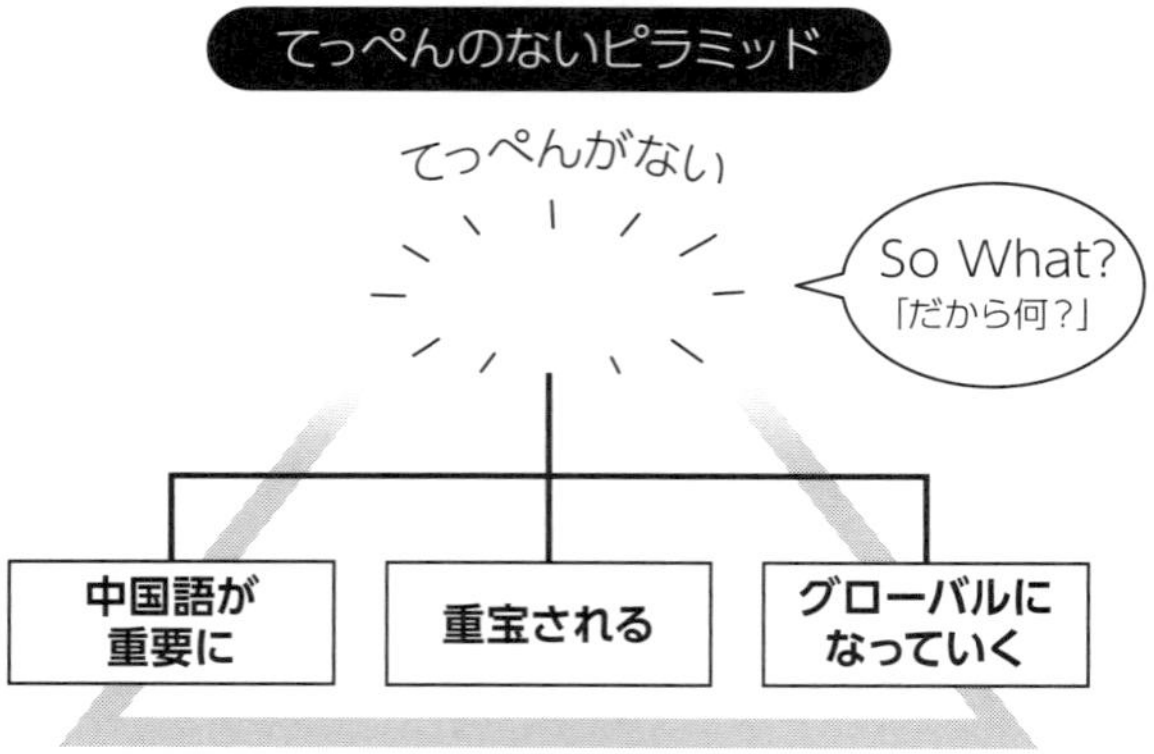

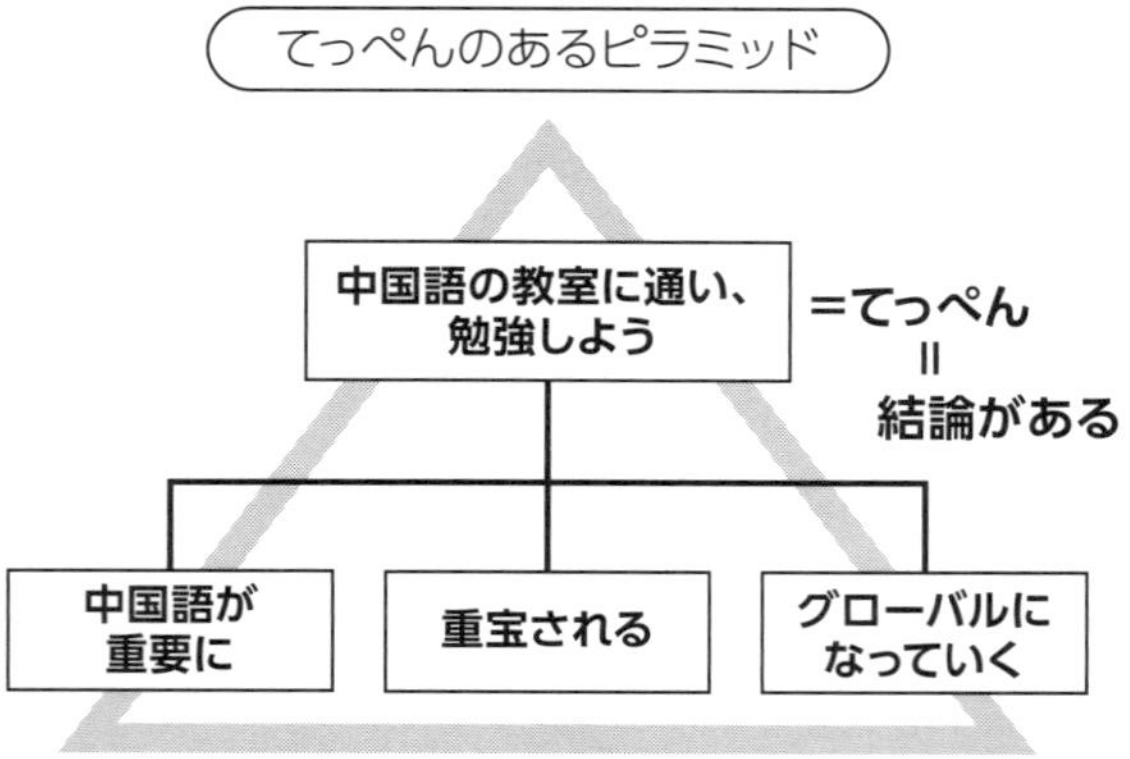

ロジカルシンキングを勉強した方は、「Ｓｏ Ｗｈａｔ？」（だから何？）という言葉を耳にされたことがあるかもしれません。事実や情報だけを羅列しても、それだけではビジネスにおいては意味がない。「だから何なの？」ということになってしまいます。

様々な情報から、意味合い、つまり自分（自社）にとって意味のある「結論」を導き出してこそ、初めて意味が生まれます。そのための合言葉が「Ｓｏ Ｗｈａｔ？（＝だから何？）」です。

直感で結論を出すこともある

ここまで、直感で仮説を立て、その仮説をベースに頭出しの結論を出すことを述べてきましたが、結論を直感で出してみて、根拠となる部分を後から肉づけすることもあります。

「理由はよくわからないけど、これをやりたいんだよね」ということってありますよね？　本能と直感で、これはやりたいと思うこと。自分で動く分には「なんとなく、直感で」でよいのですが、組織で動くためには、社内の「論理派」を動かさなければなりません。そのためには、「根拠が言葉になっていて、それなりに説得力があること」が必要です。

人から根拠を聞かれ「いや、とにかくやりたいんです！」では、失笑ののち、却下、ということにもなってしまいます。根拠があり、説得力を持ってこそ、初めて相手は動いてくれるのです。

もちろん個人で動くにしても、「直感」というもやもやしたものに頼りづらいのであれば、「だから、これが正しい」と自分が納得できる根拠を持っておいたほうが自信が持てるでしょう。

「結論と根拠のピラミッド」を使って、直感でいきなり得られた結論に対し根拠を与えるには、

①結論につながる情報を3つ見つけて根拠とする

②それで理屈が通るか確認してみる

という順番で考えます。

たとえば、お店に洋服を見に行き、直感的に、「この濃紺のジャケットが欲しい！」と思ったとします。欲しいのはもう、直感なので仕方ありません。とはいえ、自分の中で、「これを買うのは自分にとって正しいことなのだ」と納得したい。そんな時、あとから理由（根拠）を考えるわけです。

「この濃紺のジャケットが欲しい！」の根拠

根拠①　デザインが、とても素敵である
根拠②　材質がいいので、長持ちしそう
根拠③　ボーナスが入って、なんとか支払いもできる

直感でこれが欲しい！と思った時、購入する前に、こんな根拠を考えながら、「だから自分がこのジャケットを買いたいと思うのは正しいのだ！」と自分自身を納得さ

せていくわけです。

他の例で考えてみましょう。

あなたが勤める会社は東京にあり、あなたは冬の社員旅行の企画担当だったとします。直感で、「伊豆の温泉宿に行こう！」と考えました。ただ、上司や同僚たちは、社員旅行の行き先に関心を持っており、直感で決めた、とは言えませんし、みんなを説得しなければなりません。だから、あなたは、後から根拠を言葉にしてみるのです。

根拠①　会社からそんなに遠くないので、行きやすい
根拠②　伊豆は冬でも暖かくて、快適である
根拠③　うちの社員には、温泉好きが多い

それだけの理由なら、他にもいい場所があるぞという意見も出てきそうだとしたら、さらに根拠を色々考え、強力にしていくのです。

根拠④　行こうとしている温泉宿の料理は、絶品である
根拠⑤　この宿からの景色は、雑誌にも取り上げられるほどの絶景である
根拠⑥　近くにある美術館は、ちょうど特別企画をやっていて見ものだ

この中から、より説得力がありそうなものを３つくらい残します。

つまり、何か意見を聞かれた時、「私はA案がいいと思います。理由は３つあります」と言えるようにしておくのです。そうすることによって説得力が高まり、賛成も集まりやすくなります。

ポジションをとるにしても、ベータ版を出すにしても、不確実な状況の中で意思決定しなければいけない場合でも、３つくらい根拠をひねり出して話したほうが説得力が出ますし、自信が持てます。そもそも結論が先にあれば、それに付随して情報も集まってきやすくなります。

直感で結論を出し、根拠を後からひねり出す、ということです。根拠の出し方のヒ

ントとしては、**「その結論を出すにあたって、大事になりそうなポイントはなんだろう?」**と考えることです。

最初の例でいえば、「人が洋服を買う時、大事なポイントは?」です。

当然、デザインですね。材質をあげる人も多いかもしれません。そして買い物をするわけですから当然、値段は重要です。その「大事になりそうなポイント」から根拠を出していきます。

社員旅行の例でいえば、「会社からの距離（時間）、行く場所の魅力、社員たちの興味」といったところでしょうか。この「大事になりそうなポイント」を先に考えておき、それに合わせて根拠を出すと、説得力が出ます。

これは、私にとって「ロジカルシンキング」の原体験であり、感激した最初のポイントです。論理的な思考力を身につけたいと思い、今は客員教授であるグロービスに入学する前に、クリティカルシンキング体験講座に行きました。そこで「転職したい時、何から考えるか？」というテーマでワークショップがありました。

講師の方は、私たちがあげる「転職したい時に大事にするポイント」をどんどん板書し整理しながら、「転職をしたいと思う時、こうやって根拠をたくさんあげるのですが、その前に、何が重要なポイントなのか、考えたうえで意見を出したほうが効率的ですよね」といって、「①やりたいか、②できるか、③ペイするか（給料は満足か）」というポイントを３つあげられたわけです。

この時の衝撃は今でも忘れられません。「おおお！　賢い人はこうやって考えるのか！」とびっくりして、それから、まずは、「この結論を出すにあたって重要となるポイント」を考えるようになった次第です。これが、スピーディに結論と根拠を出すうえで、一番大事なポイントだと思いますので、ぜひ、日常的にそのように考えることをオススメします。

さて、その３つの根拠を出す際に留意すべきポイントがあります。

ロジカルシンキングでは「ＭＥＣＥ（ミーシー）」を意識する、とされています。

これは4つの単語の頭文字をとったもので、

Mutually（相互に）

Exclusive（排他的に）

Collectively（全体的に）

Exhaustive（包括的な）

要するに「モレなくダブりなく」考えられているかどうか、チェックするという話です。

ただ、根拠を出すところでこれを真剣に追求するのは大変です。ダブりがないか、はなんとなくわかりますし、とても必要なことですが、モレがないだろうか、というのは、考え出したらキリがないですよね。スピーディに根拠を考えるうえでは、私は、「①（前に述べた）大事になりそうなポイント」をあげ、「②その粒感（大きさ、重要度）が揃《そろ》っている」ことを意識するようにしています。

たとえば社員旅行でいえば、大事になりそうなポイントとして、「会社からの距離（時間）、行く場所の魅力、社員たちの興味」としましたが、ひょっとしたらこれ以外に「交通の乗り換えの手間」とか、「社長が伊豆が好きかどうか」などの要素も、まったく考えないわけではないかもしれません。しかし、「重要な３つの根拠」の中に入れるかどうか、といえば、検討する粒感（重要度）が小さすぎるため、ここでは除いておこう、という判断をするわけです。

ＭＥＣＥに考えることは重要です。しかし、スピーディに結論と根拠のピラミッドを完成させる、ということを優先させるのであれば、ひとまず「ＭＥＣＥより粒感」と考えておくとよいでしょう。

「～（根拠）だから、～（結論）である」で確認してみる

もう一点、大事なことは、「それで理屈が通るか確認してみる」ことがあります。

ポイントを考え、３つの根拠を並べてみて、それでＯＫ、ということではありません。この結論と根拠が、意味がつながっているか、理屈が通っているかを確認する作業が必要です。

これは、「**〜（根拠）だから、〜（結論）である**」と言ってみて「意味は通じるか？」とチェックする、それだけです。

先ほどの例でいえば、

「**伊豆は冬でも暖かくて、快適であるから、伊豆の温泉宿に行こう**」

これで意味が通じるか？ということをチェックする。意味が通じればいいのです。

意味が通じることと、説得力があることは、また違いますので、これが説得力があるかどうかは別途考えるとして、ひとまず意味が通じるかどうか、最初にチェックすることを忘れないようにしましょう。

そうやって「意味が通じるか」チェックし、「説得力があるか」チェックしていくわけですが、結果、３つの根拠が見つからない時は、思考が不足しているか、結論が自分にとって納得度が弱いといえます。３つの根拠が見つからない時は、私はもう一度、結論から考え直してみるようにしています。

また、より説得力がある根拠にするためには、一度あげた根拠を捨てる勇気も持たねばなりません。今ある要素を他の要素と入れ替えたりしながら、説得力を高めていきます。

結論の出し方

○ ある程度調べたら動く

× 情報を集め続ける

情報は、一定程度集めたら、あとはいくら集めても同じ

なかなか行動に移せない人は、情報を集め、色々分析しすぎる傾向があるように思います。

たとえば、いつか転職したいと思っているとします。そのために、まず何をするでしょうか？

転職するためには、考えることは色々あります。何の仕事をしたいのか。そもそも今の仕事をなぜ変わりたいのか。変わるとしたら給料はどうなるのか。今はこの業界にいるけれど、どの業界で働きたいのか。業界研究もしなければなりません。今進めている話より、もっと魅力的な話はないだろうか。これまで築いてきたスキルや人脈は転職でいったんゼロクリアになるから、本質的なビジネススキルが必要ではなかろ

うか。そのための資金を貯めないと……。

こんなふうに堂々めぐりになってしまいます。挙げ句の果てには、新年の目標や手帳に「ビジネススクールに通学する」「貯金する」などといった目標を書いたまま、年の終わりになると、何も実行していないことに気づいて、その目標を見るのもなんだか気が重くなる。

——私がそうでしたから、よくわかります。また、周囲にもたくさんいます。私のところに、行動するための計画を立てようとして、やりたいこと探しの迷宮に迷いこんでしまったり、Ａ４の紙に何枚もの自己分析を書いてきたはいいが、結局何がしたいかわからない人もいます。


もちろん転職する、ということは、今の環境が変わるわけですから、職場になじめるかどうかとか、給料は下がってしまわないだろうかとか、成果が出しづらくなるのではないかなどの、リスクはあるわけです。あてもなく行動したり、後先考えずに勤め先を辞めることは勧めません。

ただ、ここで大事なのは、どれだけ念入りに準備をしても、リスクをゼロにすることはできない、ということです。

行動力は「才能」ではない

私がこのことに気づいたのは、35歳を過ぎてからでした。

行動に移せる人と、そうでない人を比べてみると、その一番大きな違いは、才能や性格などではなく、「リスクがゼロになるまでは動かない」のか、それとも「リスクはあって当然」としているか、その考え方の違いだけではないかと気づいたのです。リスクは「危険」ではなく、「変動可能性」です。新しいチャレンジをする際には、必ず（何かが変わる、という）リスクがあるわけです。

「リスクはあって当然」と考える人は、リスクが何なのかを知って、コントロールしようとします。

たとえば、転職の主なリスクが、①その会社の人たちと（ほかの会社の人たちより）馴染めるか、②その仕事は（ほかの仕事より）楽しいか、③その転職は、（ほかの会社より）キャリアアップにつながるか、ということだとします。私の場合は、この3点を考えて、ほかの会社と比較するでしょう。

今の仕事についてこの3点がどうか、はわかります（③は不透明ですが、それでも、今やっているわけですから、わかる気はするわけです）。しかし仕事が変わるとなると、これがわかりづらくなります。

なかなか行動に移せない人たちは、リスクがゼロになってから動こうとします。頭ではわかっていても、動く前に100％の確証を求めようとするわけです。でも、ほかの選択肢と比較してどうか、というのは、最後の最後まで、絶対にわかりませんよね。そもそも外からではわからないことが多いですし、世の中の選択肢を全部検証しきることなんて、不可能なわけです。

言い換えれば「『正解』なんてどこにもない」ことを知ることで、初めて動けるようになるのです。

事実や資料を並べすぎて結論が見つからない

動けない人は、行動する前に、可能な限りたくさんの情報を手に入れようとします。

そして、情報を手に入れると、その情報を分析することに時間を使いはじめます。

もちろん、どちらも大事なことです。

問題は、情報が増えれば増えるほど、合理的な意思決定や行動につながると思っていることです。


実は、それは真逆な側面もあるように思います。

少なくとも私自身は、情報があればあるほど、意思決定はしづらくなります。


たとえば、あなたが英語を身につけたいと思ったとします。

その時点で、少なくとも英語という言語を選んでいることになります。

けれども、その後、様々な語学講座があることに気づいたとします。

「英語もいいけど、スペイン語もいいな。フランス語ができたらカッコいいよね。でも、これからはやっぱり中国語ができたほうが有利だよね……」

そんなふうにあれこれ考える時間は楽しいかもしれません。どの言語を身につけると有利になるか、調べることも大事でしょう。けれども、どの言語を習得したいか決めない限り、語学学習という行動には移せません。情報を並べすぎると、かえって選べなくなるのです。

本来であれば、数ある言語の中から、世界でビジネスをするうえでのポピュラーな公用語を習得したいのか、自社の市場がある地域の言葉を使えるようになりたいのか、南洋諸島に生息する珍しい鳥の研究をするための言葉を身につける必要があるのか。なんらかの自分なりの想いをもとに、学びたい言語を選ぶでしょう。「なぜ、語学を学びたいのか」の自分なりの結論がなければ、選ぶことはできないわけです。

また、『1分で話せ』でも紹介しましたが、ある程度の材料があるのであれば、その後どれだけ判断材料を増やしたとしても、結論の確からしさは変わりません。ある

判断材料と結論の確からしさ

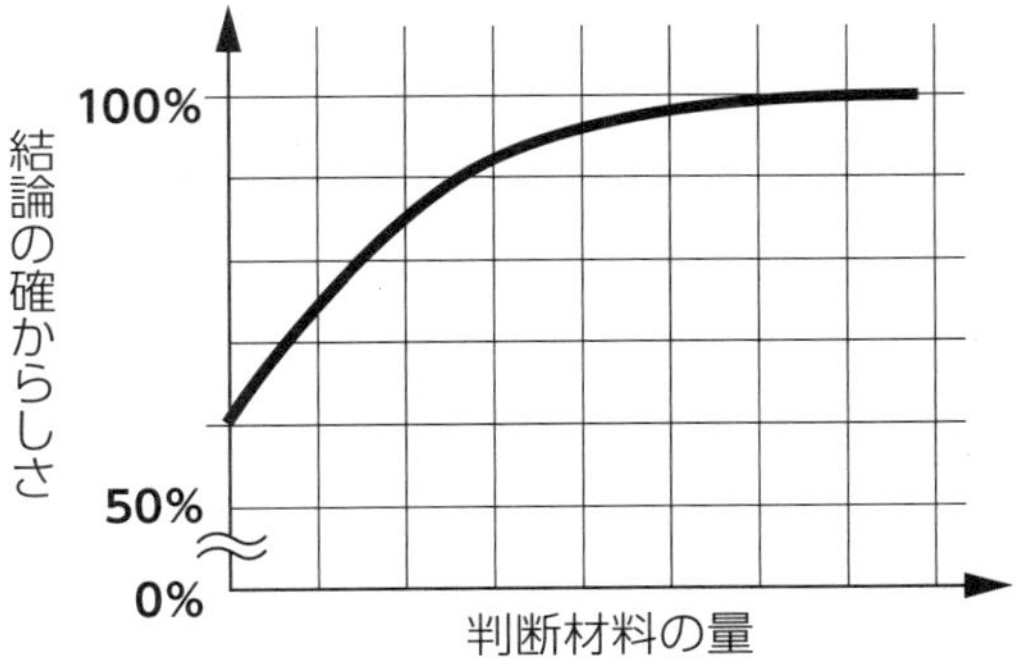

程度の情報があるのであれば、個人の行動を決めるうえでは、それ以上情報収集をしても時間の無駄になることが多いように思います。少なくとも、自分の人生においてはそうでした。

もちろん、これは自分の感覚なので、正解ではないんですよね。それに、テーマによっては、検討に検討を重ねなければならないこともあるかもしれません。ただそれでも、あえて「情報の集めすぎは、意思決定を鈍らせる」と言い切ります。調べて調べて、それでも動けない方には、「いったん調べるのはやめにして、もう、決めましょうよ」と申し上げます。

結論の出し方

○

「この結論を出すと誰かの幸せにつながる」と考える

×

そもそも関心がない

結論を出すことがハッピーにつながる

情報や事実を並べることはできるけれど、「結論が出せない」という方は多いと思います。

私はＹａｈｏｏ！アカデミアの学長として、この講座を実施するのかしないのか、この講座をどういう流れにするか、など様々な意思決定をしていますが、そこでなぜ結論を出せるのかというと、そのテーマに対する「想い」があるからです。

まだ結論に達していなくても、「この結論が出たら受講生の幸せにつながる！」という強い想いがある。その想いにしたがって結論を出そうとします。まずはじめにあるのは、「想い」なのです。大げさな話ではありません。私たちは皆、誰かを幸せにするために仕事をしています。考えたことがない人もいるかもしれませんが、仕事はみなそうです。だからお金をいただけるわけです。

想いがなければ、結論は出せません。

たとえば、「定例会議を、顔を合わせるのが大事だから、会議室で対面で行なうのか、子育て中の社員に配慮して遠隔で行なうのか決めましょう」という選択肢がある時、その問題について「どっちでもいい」と考えていたら、なかなか決められません。結論を出せなかったら、動くこともできません。

ただ単に結論を出そうとするのではなく、「皆が幸せになる方向」で考えていくと、おのずと結論を出しやすくなります。「自分が動くことによって世の中の人がちょっとでもハッピーになればいい」と思って仕事をする人が増えていけばと思っています。


ちなみにこの例では、どちらが正解というわけではありません。

チームが皆顔を合わせることが大事、ということであれば対面でやるという結論になりますし、子育て中の社員はなるべく家にいるのが幸せにつながる、というならそうします。結局、「どちらがみんなの幸せにつながりますか?」ということです。どちらも正解になりえます。

いきなり「結論を出そう」ではなく、「こちらのほうが幸せになるよね」と思っているから、そこに向かって結論を考える道筋ができるわけです。

○「直感」を育てる

×仮説の立て方だけ学ぶ

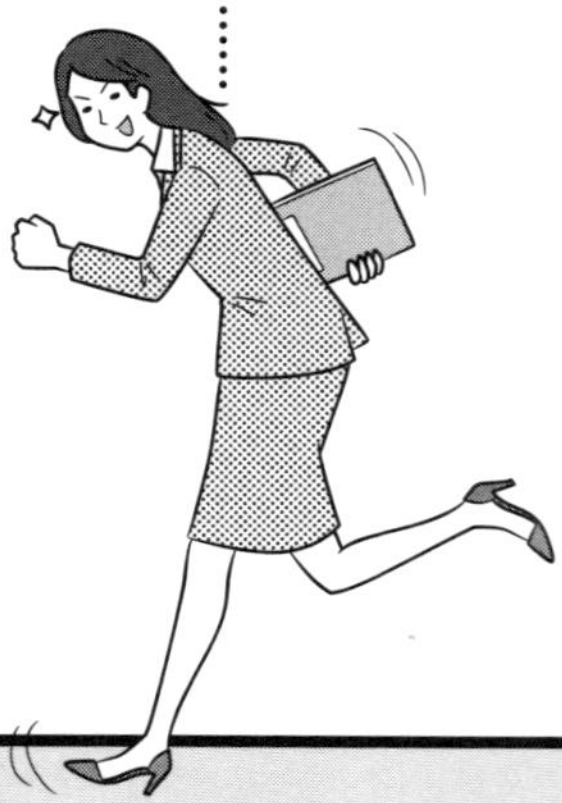

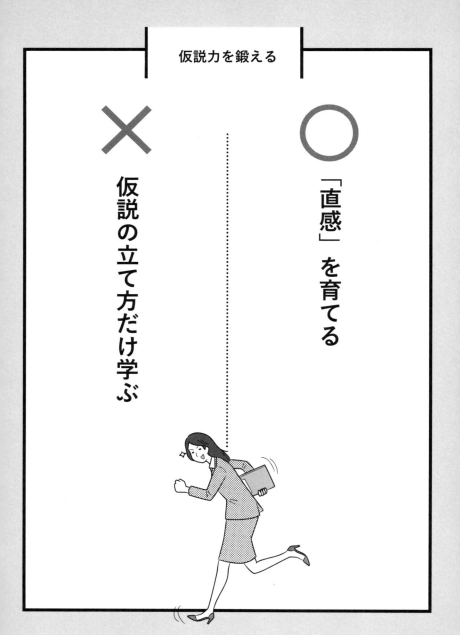

「仮説力を鍛える」習慣

ここまで「仮説」「結論」のつくり方について説明してきました。

すぐ動ける人というのは、こんなふうにして「よし、これでいこう」という「結論」を出して動くのです。

そして「結論」を出すためには**「仮説」を立てる力**が必要です。


「仮説」というと難しく聞こえますが、普段の生活の中で、誰もが仮説を立てながら動いています。たとえば「今日の夜は冷えそうだから、長そでを用意していこう」と考えて出かけるのは、仮説を立てて動いているのです。

この「仮説を立てる力」を色々なところで意識するだけで、「動く」力は飛躍的に高まっていきます。とても大事なことなので、もう少し話しますね。

たとえば「これからは人生100年時代だ」という話を聞いたとしましょう。

「ふうん、そうか」と漫然と聞き流すこともできます。

「人生100年時代なら、80歳くらいまでは現役で働くのが当たり前になるかもしれない」と、予想が入った意見ができれば、それが仮説になります。

「じゃあ私は今40歳だけど、これから40年仕事をするために、今からもう1つ仕事をはじめよう」

これが自分なりの「結論」です。

ここまで考えることで、初めて「行動」につながります。

日常のあちこちで仮説を立てることで、色々な行動につながり、可能性が広がっていくのです。

言い換えるなら、なかなか動けない人というのは、仮説を立てる習慣がないことが多いのです。

とはいえ、そんなに仮説なんて出てこない、ということも多いと思います。「直感型の天才肌の人しか、できないのでは？」と思っている方もいるでしょう。

確かに仮説を立てるためには「直感」が大事だ、という話をしました。でも、「直感」は鍛えることができます。

直感を鍛えるには、次の４つが大事です。

・体験（直感を生み出すもとになります）
・志
・妄想
・好奇心

順に説明していきましょう。

仮説力を鍛える

○

小さな経験を
大きな経験に活かす

×

同じ経験しか
活かせない

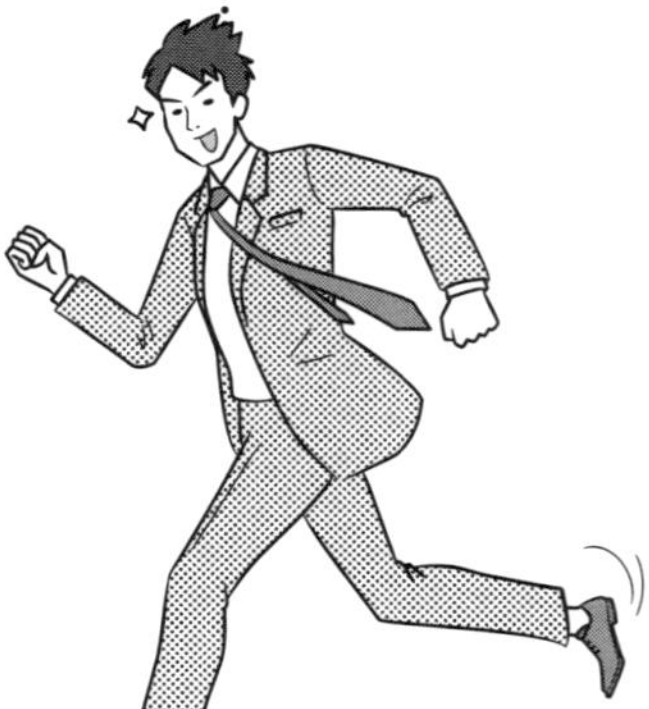

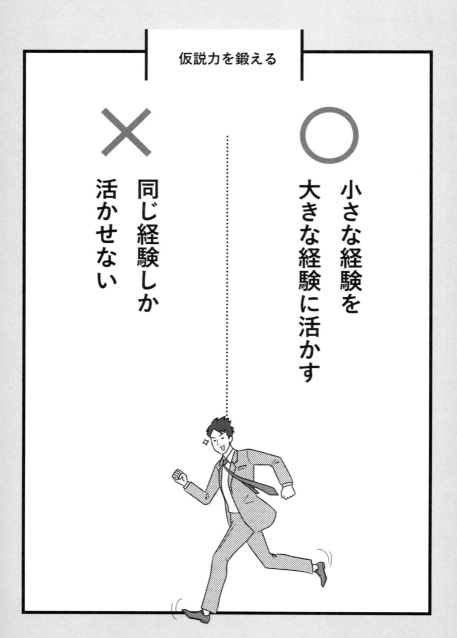

パーツになる経験を大きな勝負に活かす

一歩踏み出せないという場合、「経験がない」ことが大きな理由の1つになります。直感を生み出すもとになるのも経験です。

行動に結びつきやすいのは、ワイルドな選択をした経験や修羅場経験でしょう。自らの意思でそうした挑戦をした経験があれば、「あんなに大変だった時に大丈夫だったのだから、今回もこうすれば大丈夫だ」と踏み出せるはずです。また、受け身であってもつらい時期を乗り切った経験があれば、経験値も高まります。

しかし、ワイルドな意思決定や、修羅場経験は、めったにできるわけではありません。では、どうしたらよいか。３つの方法が考えられます。

①パーツになる経験をしておく

経験はちょっとずつ大きくなっていけばいいのだと思います。

私は前職のオフィス用品のデリバリーを行なう会社で、物流を担当していた時期が数年ありました。２０１１年、東日本大震災が発生した際には、物流ネットワークの復旧をリーダーとして進めました。大きな地震が起こって復旧作業をする場合、私を含め、多くの人はあのような大規模災害の経験をしておらず、すぐには動けないわけです。

でも、同じ経験をしていなくても、停電でシステムがダウンした時の経験、全国で大雪が降り物流が滞った経験、そして台風で交通が止まり、物流センターに出勤できないメンバーが多い中で出荷を行なった経験など、パーツとなるような経験をたくさんしておけば、その経験を組み合わせ、応用して動くことができます。

もし自分が挑戦したい大きなことがあれば、あらかじめそのパーツとなる経験をたくさんしておくとよいでしょう。

②「ビジョナリーなイメージ」が湧く経験をしておく

2つ目は「ビジョナリーなイメージ」が湧く経験をしておくこと。目指すべき未来が映像として浮かぶような経験、ということです。

先ほどの東日本大震災における物流復旧にまつわるエピソードを続けます。

私は、その15年ほど前、1995年に発生した阪神・淡路大震災の発生直後、ダイエーの中内功さんのインタビューが強烈に印象に残っていました。中内さんは、阪神・淡路大震災の時に「すぐに店を開ける」という判断をし、商品の調達もままならない中、実際に神戸のダイエーを開店されました。そしてテレビの取材に対し、「私たちは今からお店を開けます。生活に必要なものはすべてダイエーにありますから、皆さんいらしてくださいね」と答えていました。その時の映像のイメージが強烈で、今も私の脳裏に焼きついています。

そして2011年、東日本大震災が起こりました。その時、私は中内さんの映像を思い出し、気づきました。

「そうか、震災のような大事の時に、本業をちゃんと回すことが大事なんだ。特に、生活に必要な品を扱っている企業はなおさらだ」

しばらく会社を休みにし自宅待機とするか、皆でボランティアに行くか、それとも全社で物流の復旧に集中するのかなど、様々な選択肢があったのですが、私たちは、段ボール箱、台車、軍手、消毒液、ゴム長靴、飲料、食品など、被災地の復旧に必要なものを取り扱っていました。そこで「とにかく1日でも早く全社一丸となり物流を復旧させる」と決めました。

その時、中内さんが地震の翌日から店を開けている映像を思い出し、「あれをやらねば」と導かれるように私は動いていました。十数年前に見た中内さんの行動が、震災の時に腹に落ちた。そうすると行動に移せたのです。

自分で経験するだけでなく、気になる経営者やリーダーの行動をたくさん見聞きしておくと、ある時、「あぁ。こういうことか」と腹落ちし、自分の行動と重ね合わせながら動くことができるようになります。

他人の経験でも構わない

つまり、仮説のもとになる経験は他人の経験でも構いません。自分の経験でも、他人の経験でも、頭の中に蓄積してつながっていくと、「自分なりの仮説」になっていきます。

どのようにつながるかというと、たとえば私は、「リーダーのありよう」といった仮想のフォルダを自分の頭の中につくっています。

そのなかには、中内さんのインタビューもあれば、自分の経験もあります。たとえば、「震災の混乱の中でも一歩も引かず立ち向かう中内さん」とか、「システム導入でトラブルが起こり、各部署に頭を下げてかっこ悪いんだけど、でも逃げなかった自分の経験」などが、「逃げない」というタグをつけられて、「リーダーのありよう」フォルダに入ります。

さらに、会社の情報漏えい事件に対する記者会見で数時間、仁王立ちし続けていたリーダーの逸話があったり、ある漫画を読んでいた時に、「リーダーっていうのは逃げねーんだよ」「それが伝説つくるんだよ」といったセリフがあって、「逃げない」というタグづけをされてフォルダの中に入る。すると、「リーダーは逃げないで仁王立ちするのだ」という自分なりの仮説が生まれてきます。

こうして**好奇心を持って、様々な事柄をタグづけして頭の中のフォルダにしまっておくと、様々なことに対して仮説が立てやすくなります。**

もちろん、実際に経験して振り返れば、仮説を立てるための力強いネタになりますが、たとえ経験がなくても、情報を入手して蓄積しておくことで、仮説はいくらでも立てられます。

③失敗・後悔の経験

私は２００４年の新潟県中越地震の時に物流の仕事をやっていたのですが、まったく何も動けませんでした。

何かやらなければいけない気がするけれど、会社の人たちは何もしていない。中内さんは翌日に店を開けるという判断をしたことを思い出しながら、「中内さんはオーナーだけれど自分はそうではないからな……」などともやもやしてる間に時が過ぎていったのです。

非常時が収束に向かっていく中で、私自身はすごく恥ずかしかった。もっと何かできたのではないかとものすごく後悔したのです。

「できなかった」ことは、その後すごいエネルギーになりました。

あの時の後悔があるから、きちんとすべきことをしようと、日々小さなことでもやり続ける原動力になりました。そしてお客さんや社内での対応など、本当に小さなことでも、きちんとやることで、それがまた「経験」として積みあがっていき、東日本大震災の時の対応にもつなげられたところがあります。

仮説力を鍛える

○

バーチャルな妄想も
仮説につながる

×

実際の体験しか
仮説につながらない

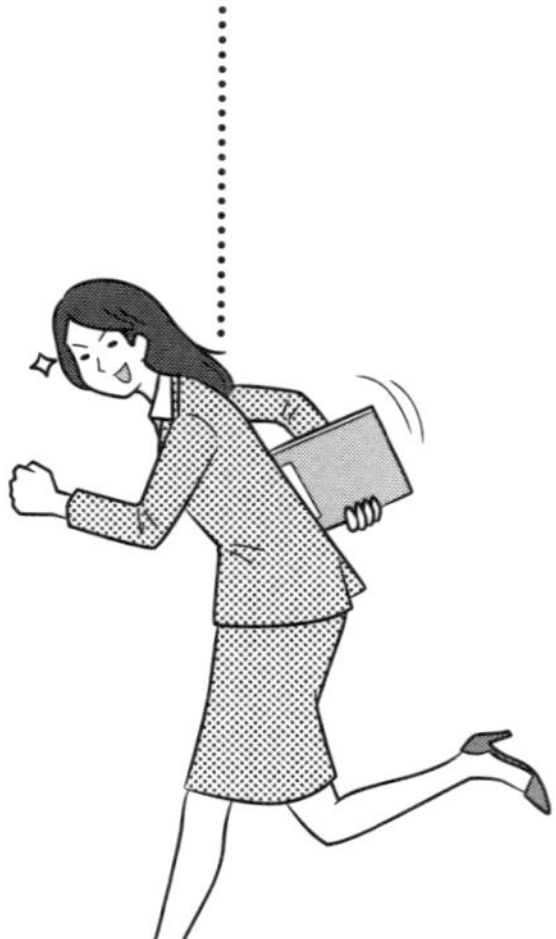

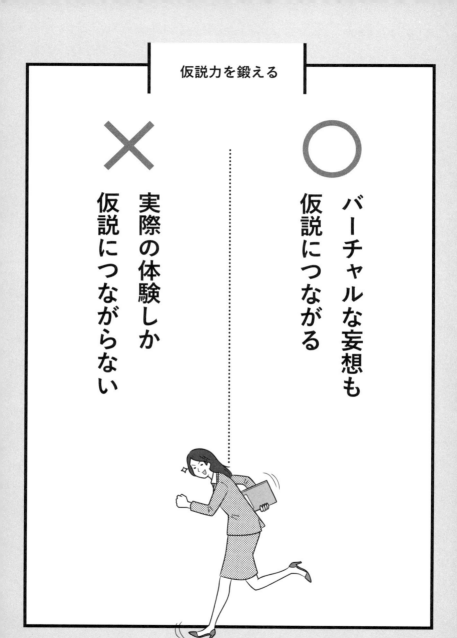

テレビや読書でも「行動力」は鍛えられる

仮説力をつけるのに必要な「志」「妄想」「好奇心」について説明します。

まず「志」というと、ちょっと大げさに聞こえるかもしれません。要は「自分がどんなふうになりたいか」「自分の人生や仕事で何を成し遂げたいか」を思い描くことです。これが強ければ強いほど、結論は出しやすくなります。なぜなら志をベースにそこにあてはめながら結論を出そうとするからです。

「妄想」と「好奇心」

自分の中で志が明確になると、身のまわりのどんな事象を見ても**「自分だったらど**

うするか」ということを考えるようになります。「私だったら、こんなふうに振る舞うのに」「俺だったら、ここではこう意思決定する」などです。ここでは、これを「妄想」と呼びます。

「妄想」というと、仮説とは関係がないことのように思えますが、実際の自分を振り返ってみると、「妄想」が構造化されてビジネスの仮説につながっていったということはよくあります。

私は20代の頃、段取りが悪いし要領も悪いし、「ソツがある」とよく言われていたんです。「ソツがない」の逆ですね。「今何が必要なのか」「この行動をするとどんなことが起こるのか」といったことを考える能力が極端に不足していたわけです。能力が不足していたというより、考える習慣がありませんでした。

今、それができるようになったのは、妄想から、仮説をたくさん出すようになってきたからです。

最初は、ビジネスと結びつけることなく、単に現実逃避したくて様々なことを妄想していただけで、何の役にも立たなかったのですが、仕事が楽しくなっていく過程で様々なインプットをすることによって、妄想を組み立ててビジネス上の仮説につなげるということが急速にできるようになっていきました。

この仮説ができればできるほど、そこに様々なネタがつながってきて、さらに仮説が強くなっていきます。

たとえば、電車に掲載されている週刊誌の広告の見出しだって、仮説を立てるトレーニングになります。

「見出しのトップに出ているこの企業は今、苦境に立たされているみたいだけど、自分だったらどうのりこえるか」などと考えるわけです。芸能人の悩みを受けるテレビ番組だって「聞き手は、ああ答えたけど、自分はこう答えるな」と考え、インタビューを見ていても「自分だったらどう答えるか」と考えることで、トレーニングになります。

様々な物事について「自分事化」して考えると、様々な仮説が立てられ、ひいては実際に起こった時にも、スムーズに動くことができます。そうやって様々な局面で、「この場合は、どう動くといいだろう？」「自分だったらどう言うだろう？」と妄想し続けたら、「仮説の引き出し」に、様々なネタが記録されていくわけです。

バラエティのタレントさんからも学びます。タレントさんの「ほうほうほう」みたいな返し方など、これは自分だったらどの局面でどう使えるだろうか?などと考え、「ビジネスの場で、みんなを和ませる返し方」というタグをつけて、自分の仮想フォルダにどんどん入れていくわけです。そのなかから、必要に応じて使ってみて「うまく効いたな」とか、「イマイチだったな」と、自分のコミュニケーションのとり方のサイクルを回していきます。

そうして自分の中に行動の仮説がたまっていくわけです。

これを繰り返していくと、様々な事象を自分に引き寄せて考えられるようになるので、自然と情報収集のアンテナを張るようになります。いつの間にか「好奇心」が生まれるのです。**好奇心が生まれると、さらに様々な事象を自分事として考えるようになり、さらに仮説のネタが集まってきます。**

好奇心を鍛える「すげー、やベーカ」

「羊一さんって、最初に会った時は、本当にただのつまらないおっさんだったよね」

私の昔を知る友人たちから、よくこんなふうに言われます。

実際、その通りだったと自分でも思います。43歳の時、プラスに勤めながら、ソフトバンク創業者の孫正義社長の後継者を見出すという触れ込みではじまったソフトバンクアカデミアに入った頃の話です。

当時の私は、好奇心というものが皆無といっていい状態でした。なにしろ「迷ったらやらない」が信条だったくらいです。

たとえば、ある映画が面白いと話題になっていたとします。観に行こうかな、とは思うのですが、休日になっていざ出かけようとすると、なかなか起きられない。混んでいるところに出かけるのもいやだ。雨も降りそうだし、今日はやめておくかと思っているうちに上映時間が終わってしまう。そんなことの繰り返しでした。

面白そうな誘いを受けても、なんとなく先延ばしにしてやらない。やることによって得られるメリットより、やらないことによって面倒を避けたり、変わらない生活を維持するほうがいい。そう考えていました。

当時の自分から、何が変わったのでしょうか。それは**「すげー、やべー力」**を身につけたことだと思います。これは私が生み出した**「好奇心発生装置」**の名前です。

ソフトバンクアカデミアでは、同期の仲間たちがいつも楽しそうに話していました。私は最初、彼らに引け目を感じていました。なかなか話の中に入れないし、「これ、すごいよね！」と話しかけてもらっても、いまひとつわからなくて「う、うん」という鈍い反応しかできない。しまいには「伊藤さん、つまらなそうだね」と言われてしまう始末です。

そこで、なぜ彼らが楽しそうなのか、観察してみました。すると、とにかく「これすごくない？」「うんうん、やべー！」という言葉がやたら多いことに気づいたのです。「この新しいｉＰｈｏｎｅすごくない？」「すげー！」「やべー！」といった具合です。ひたすらそういう会話をしているのです。

みんなと同じテンションで返事ができるようになればいいな、と思った私は、とりあえず真似してみることにしました。何か新しいものに触れるつど、「すげー」「やべー」と、声に出して言うようにしたのです。なんということもない記事でも、読みながら「これすげー。えっなに、やばくない？」というようにです。

その方法はどうも効果的だったようです。「すげー」という言葉は、もちろん自分が発しているのですが、同時に自分の耳にも入ってきます。その耳に入ってくる「すげー」「やべー」という音声は、言っている主語が誰、ということを認識しないで、「（対象物＝）すげー」というタグづけをして脳は記録するそうなのです。そのうち、脳の中に「すげー、やばいリスト」が充実してくると、そのリストにあるものとの比較で、自然に「これ、すげー」「やべー」と感じるようになっていきました。要するに、自分の言葉で自分の脳をだましていったのです。

さらに、思わぬ効果がありました。「すげー」「やべー」と騒いでいると「何がすごいの？」と周囲から聞かれます。そこで「このアプリがすごいんだよ！」というと、面白い話に反応する人たちが「俺のネタのほうがもっとやばいよ！」という話をはじめます。そこで新しい情報ゲットです。その結果、「すげー、やべー」のスパイラルに突入していくのです。

これによって、色々なことに関する感度が飛躍的に高まりました。つまり、好奇心を後天的に生み出すことに成功したのです。

もちろん今でも、疲れたから出かけたくないな、と思うことはしょっちゅうあります。けれども「すげー、やべー」ものに反応する感度が上がったことで、頭で考えなくても、自然と体が動くようになっていたのです。

直感を働かせるには、まずは好奇心。

あまり心が動かないという人は、まずは「すげー」「やべー」と言ってみることからはじめてはどうでしょうか？

「行動できる人」＝「仮説を持っている人」

繰り返しになりますが、行動できる人とできない人は、こういう「仮説」を普段から持っているかどうかが大きいです。

経験があっても動けない人がいる。

それは、その経験から仮説を立てていないからです。

逆にいえば、実際の経験がなくても、**様々な事象について「自分ごと」で考えて仮説を立てていくことができれば、すぐ動けるようになる**のです。

そういう人は瞬時に判断して動けるリーダーになれますし、そうでなければ、いつまでたっても同じことの繰り返しになってしまいます。その差の積み重ねが大きくなっていくのです。

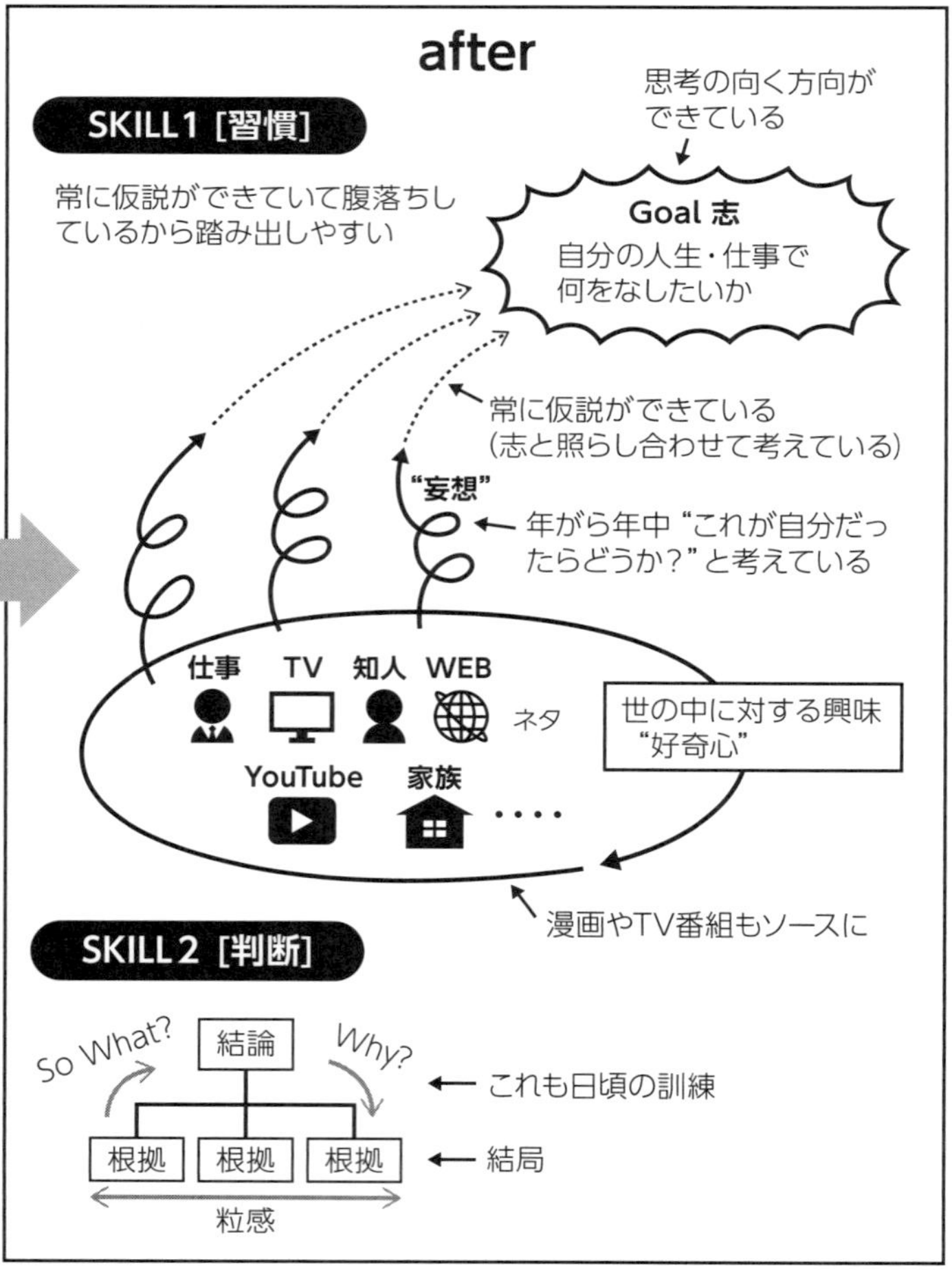
after
SKILL1 [習慣]
常に仮説ができていて腹落ちしているから踏み出しやすい
思考の向く方向ができている
Goal 志
自分の人生・仕事で何をなしたいか
常に仮説ができている(志と照らし合わせて考えている)
“妄想”
年がら年中“これが自分だったらどうか?”と考えている
仕事
TV
知人
WEB
ネタ
YouTube
家族
世の中に対する興味“好奇心”
漫画やTV番組もソースに
SKILL2 [判断]
So What?
結論
Why?
これも日頃の訓練
根拠
根拠
根拠
結局
粒感

動ける人は何が違うのか

before

仮説を生む習慣がない

志　そもそも、仮説を立てる軸となるVISIONがない

妄想　妄想が導かれる軸がないので思考が進まず、仮説にならない

好奇心　仮説もないし、妄想が進まないから、ネタも集める流れができない。そもそも、たまらないし、つながらない

beforeとafterでは大きな差がある

判断力がない

1. 事象の構造化スキルがない

結論…自分の意志・方向性
根拠…その理由づけのパッケージがつくれない

結論を出すのが恐い
・間違って咎《とが》められるのがいや
・そもそも突っ込まれたくない
・自信がない

自分の意志が弱い
上司から言われたことで考える

純粋にスキルがない
練習あるのみ

実はMindが大きい

2. 結論に向かう自分の中のベクトルが弱い

コンサルタントがつくるピラミッドストラクチャーではなく自分の意志を明確にするためのピラミッドストラクチャー。要は意志の強さ

まとめ

さて、今まで述べたことを改めて時系列に並べていくとこうなります。

事実やデータ　↓　仮説　↓　結論と根拠のピラミッド　↓　結論　↓　行動

このサイクルを、日常的に高速で回し続けることが大事です。

それぞれのプロセスをしっかりやろうと思えば、いくらでも時間をかけることができますが、「動ける」ようになるためには、高速で回す習慣をつけましょう。

・事実やデータから、ひとまず早めに仮説を立てる
・仮説から、結論と根拠のピラミッドをつくり、ひとまず頭出しの結論を出す
・結論が出たら、ひとまず行動する

ということで、なんでも「ひとまず」やってみる。そしてひと回り、ふた回りしてくると、高速で回しながらクオリティを高められるようになってきます。ぜひ「ひとまず」このサイクルを回してみましょう。

第 2 章

一歩踏み出す

最初の１歩を踏み出す

○ 宣言する

× こっそりやる

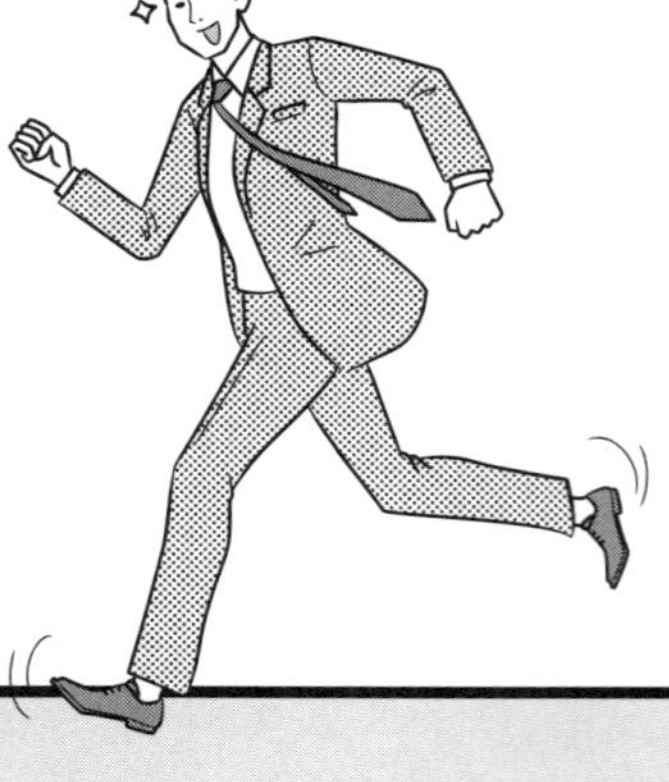

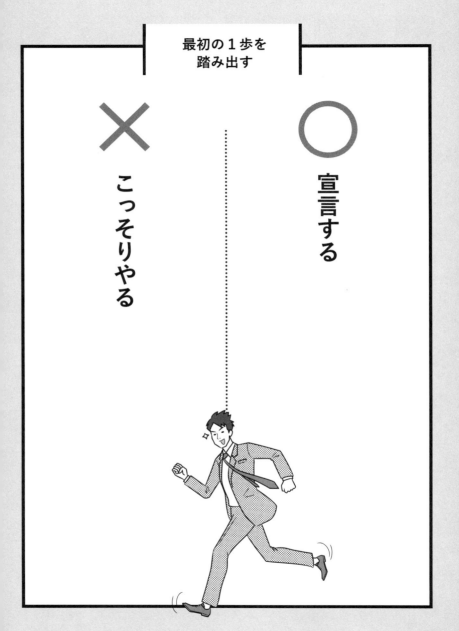

一歩踏み出すためにできること

第1章で、直感から生まれる仮説を立て、結論を出したら動けばいい、と言いましたが、はじめはなかなかそのサイクルが回せないし、動けないものです。

特にその分野に対して経験やスキルがないうちは、自信もありませんし、不安になることも多いと思います。だからなかなか一歩が踏み出せない。

また、もうひとつ躊躇《ちゅうちょ》してしまう原因としては、他人の目線や環境のことがあります。何かアクションを起こすということは、周囲に何らかの影響を与えるわけですから、何かしら反応があります。そこでどんな反応が返ってくるのかと不安になるのです。

そこで、ここでは、一歩を踏み出すための考え方を紹介したいと思います。

今日からカズがライバルです

私は20代で銀行に勤めていた頃、メンタルが不調になってしまったことがあります。どうにかこうにか克服して仕事に復帰したその日、みんなの前でこう言いました。

「今日から三浦カズ（サッカーの三浦知良選手）が俺のライバルです」

「は？　伊藤は何を言ってるの？　大丈夫か？？？」というみんなの視線を今でもよく覚えています。それはそうでしょう。メンタルの不調から立ち直ったばかりのフツーの会社員が、なぜ日本サッカー界の大スターであるカズさんがライバルなのか。意味がわかりません。

もちろん私も、サッカー選手になろうと思っていたわけではありません。あんなスターになれると考えたわけでもありません。カズさんは私と同い年、誕生日も1か月ほどしか違いませんでした。そのカズさんは、ブラジルでプロとして活躍して日本に戻ってきて、日本サッカー界を引っ張る存在として押しも押されもせぬスターでした。

一方で、私はどうか……といえば、仕事もろくにできず、メンタル不調にもなり、この差はなんなのかと。自信もまったくありませんでしたが、せっかく元気になったことだし、同じ人間として自分だってやれるはず。「目標はでかく持とう！」と、カズの活躍にみんなが熱狂するように、自分も仕事を通じて、周囲を勇気づけるような存在になりたい。言うだけだったら別に誰も困らないし。「宣言しとくか！」と、そんな気持ちでした。

破れかぶれの宣言でしたが、みんなの前で宣言してしまったことで、それからは「今の自分の行動はカズっぽかったか」「カズだったら、こんな時どう判断するんだろう？」といつも考えるようになりました。それが、自分にとって大きな第一歩でした。

「コミットメント（約束）と一貫性」という考え方があります。人間は無意識のうちに、一度コミットしたことと一貫した行動をとろうとします。ですから、ちょっと不安でも、まずは宣言してしまいましょう。人から笑われるくらいの目標のほうがかえって楽です。

もちろん最初は、宣言しても、なかなか行動に移せません。けれども毎日「カズだったらどうするだろう」と考えていると、それはやがて習慣になります。歯を磨くのに「さあ、俺は今日こそ歯を磨くぞ」と決意して磨く人がいないように、やるのが当たり前になっていくのです。

「業界を変える」でも、「営業成績で1位になる」でも、「目立った成果を出して『情熱大陸』に出る」でも、何でも構いません。まずは宣言して、その目標にコミットしていきましょう。すぐには目標に達しなくても、徐々に意識が目標のほうに向いていき、考え方や振る舞い方が変わっていきます。

その宣言をしてから25年、ずっとカズさんを意識しながら、仕事を頑張ってやってきました。彼はいまだまったく遠い先にいるけれど、でも、カズさんがサッカーを通じて人々を勇気づけたように、ほんの少しだけ、私も仕事を通じて周囲の人たちを元気にし、笑顔にしてきたように思います。あの頃は何もできなかった自分も、少しは歩きはじめた、そんなふうに思いはじめていました。

そんなある日、あるメディアから「カズさんと対談しませんか?」というオファーをいただき、対談をさせていただいたのです！　ライバル宣言をした27歳の自分は、生身のカズさんと会うことなんて想像できませんでした。勝手にライバルと決めて、背中を追いかけ続けてきたことで、対談が実現したのです。25年越しです。もしもあの時、バカみたいと思われながらも宣言しなかったら、こんな機会は決して訪れなかったでしょう。もちろん、まだ「会って対談した」ということに過ぎず、これからも背中を追い続けることには変わりないですが。

「想いは叶う」。そのためには、宣言することが本当に大事なのです。

最初の１歩を
踏み出す

○

「数打てば当たる」
ではじめる

×

最初から完璧に
はじめようとする

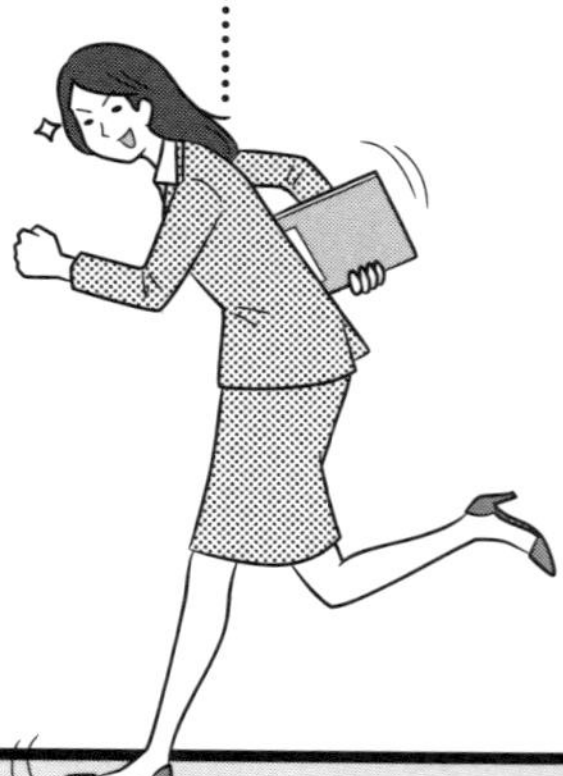

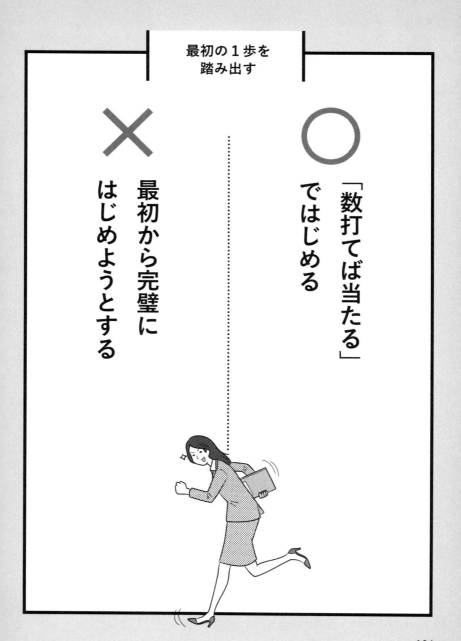

とにかく、ひとまず手をあげよう

先日、ある企業の研修で講師をした時のことです。誰もが知る一流企業の若手エースたちが対象でしたが、研修中に発言を促しても、誰も手をあげないのです。それまでのグループワークでは活発に議論していたので、おかしいなと思って聞いてみると、大勢の場で発言を求められると、ハードルが一気に上がってしまうということでした。

こうした心理は、多くの人に心当たりがあるのではないでしょうか。

なぜ手をあげることができないのでしょうか。

当てられて、間違ったことを言って「バカだ」と思われるのが恥ずかしいからです。

自分では立派な意見を述べたつもりでも、周囲がシラけてしまったら恥ずかしいからです。

会議で立派なことを言おう。

完璧なプレゼンをしよう。

そんなふうに思ってしまうと、自分の中のハードルがどんどん上がり発言できなくなってしまいます。「ちゃんと資料をつくらなければ」「もっと心の準備ができてから」などと考えているうちに、時間ばかりがたって、なかなか行動に移せません。

とはいえ私も、20代の頃は、人前で話せない人間でした。今は、年間300本近く人前で話をしたり、伝え方についての本を書いたりしているので、「さぞ昔からプレゼンが得意だったのでしょう」と言われることが多いのですが、そんなことはありません。まったく逆です。そもそもプレゼンどころか、会議中に手をあげることさえ、緊張していました。

それが変わったのが、30代半ばで、今は講師をしているグロービスというビジネススクールの授業を生徒として初めて受けた時のことです。講師が発言を求めると、30

人くらいの受講生が一斉に手をあげたのです。それに釣られて私も手をあげるようになりました。自分の発言は、たいていイマイチでしたが、でもよくよく聞いてみると、他の人たちも大差ないわけです。それで、「ああ、自分がイマイチな意見を言ったら怖い、と思う時は、きっとほかの人もそう思っているんだな」と気づき、それからは、とにかくたくさん手をあげ、発言の回数を多くするようにしました。

そのうち、実際の仕事でもそのスタイルでいくようになりました。まず、会議の際も1回は発言しようと。発言する時は一生懸命考えますから、そうこうするうちに、どんどんクオリティも高くなっていきました。

「量が質を生む」のです。

ひとまず手をあげる、というのは、会議に限った話ではありません。みんなでカラオケに行った時、一番に曲を入れるということからはじめても構いません。昼食に行く時、いつも課長に誘われるままついていっているけれども、今日は自分から店を提案する、ということでもいいのです。

カラオケで最初に歌って音程を外しても、せいぜいみんなに笑われるくらいです。

むしろ、ほかの人が安心して歌いやすくなれば、場が盛り上がり、ヒーローになれるわけです。そんなところから、「ひとまず動いちゃった」という状態をたくさん経験しましょう。

「つい、やっちゃう」と心のリミッターが自然に外れる

最終的に大事なのは、心のリミッターを外すことです。これは、伝説のＢＭＸライダーだった友人がよく言っていた言葉ですが、ＢＭＸのようなハードなスポーツでなくても、日常生活でもいえることです。

考える、というよりもむしろ、「今日は手をあげる」と決めて、やってしまう。恐くて色々と考えてしまう人は、**「つい、やっちゃった」**みたいな感じを意識するとよいでしょう。

頑張って心のリミッターを外そうとするよりも、「うっかりやっちゃった」「つい動いちゃった」くらいのほうが、やりやすいと思います。結果として、リミッターが外れやすくなります。

最初の１歩を
踏み出す

○

期待値を下げておく

×

自信満々にはじめようとする

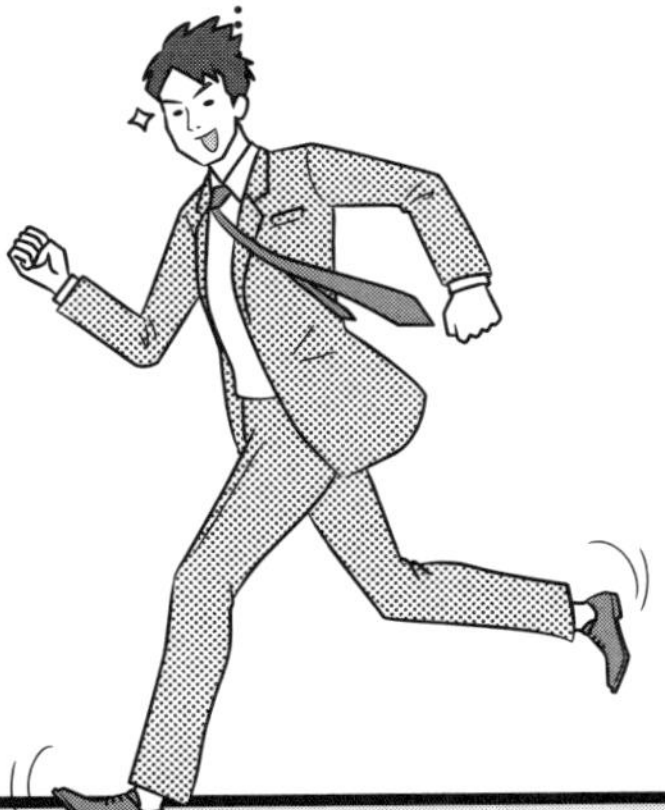

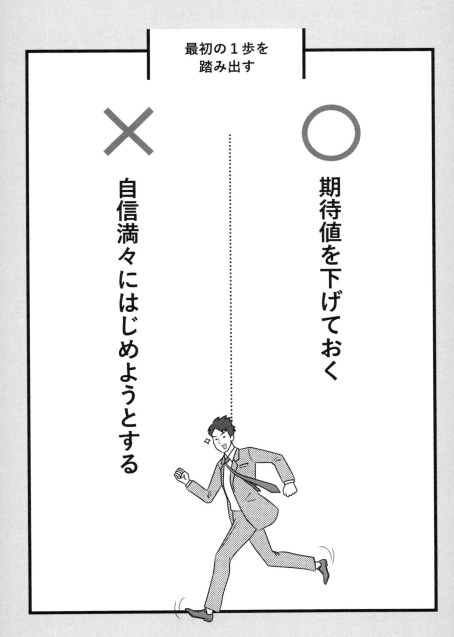

周囲の期待値は下げておく

周囲のコントロールとしてやりたいのは、まず、「周囲の期待値を下げる」こと。

1歩目を踏み出す時は、やっぱり少し恥ずかしいものです。そこで、私は以前は「期待値コントロール」をしていました。

「正解ではないかもしれないんですけど……」

「あ、俺うまくないですけど、ちょっとやってみようと思いまして」

と、あらかじめ周囲に伝えてから何かを発言したり、行動しました。

他の人がどう思うかというよりも、最初から自分に言い訳をしておく。すると「ああ言っておいたから、失敗しても大丈夫だろう」と心理的なハードルが下がります。完全に自己満足の世界ではありますが、最初にはじめる時のハードルは、下げておいたほうが取り組みやすくなります。

この「期待値コントロール」は、経験値を積むに従い、少しずつやめていきましょう。なぜなら、期待値コントロールをし過ぎる人は、「うまくいかないと言うならやめろよ」「正解でないと思うなら言わなければいいじゃん」と思われますので。

仲間を頼ろう

もう1つ大事なのは、仲間をたくさんつくること。自分1人でできないことは、仲間の助けを借りればいいのです。

たとえば、会議で手をあげることを目標にしようと決めた時、私は仲間の助けを借りました。同じ会議に出席している同僚に、あらかじめこう頼んでおいたのです。

「〇〇という発言をするから、合いの手を入れて場を和ませてほしいんだけど」
「俺がキョドッたら、ツッコミを入れてごまかしてほしい」
「うまくいかなくても笑って流してくれよ」

そんな感じです。仲のよい先輩に「**反対でも何でも構いませんので、私が発言した時、何か反応してもらえませんでしょうか**」と頼んだこともあります。

会議で発言した時何が嫌かというと、完全にスルーされてしまうことです。事前に頼んでおくことで、アホな意見かもしれないと思っても、安心して発言することができます。仲間の助けを借りることで、自分の心理的安全性をつくったのです。

自分1人の力でできることは、たかが知れています。自分1人じゃできないことは、仲間を頼ればいいのです。

頼っては相手の迷惑になる。最初はそう考えていたのですが、それが大いなる勘違いだとわかったのは、自分が頼られる経験を通じてでした。仲間に頼られると、嬉《うれ》しいのです。

もちろん一方的に頼るだけではダメで、相手が困った時には、自分も力を貸します。そうした助け合いができるのが信頼関係だと思っています。

いざという時に頼れる仲間がいること。自分が困った時に力を貸してもらえるよう、日頃から信頼関係を育んでおくこと。

こうした積み重ねをつくっておくことも、「動く」ために必要な下地だと思います。

踏み出し続けられる
人の考え方

○ 最初は、フィードバックは無視する

× 他人のフィードバックを大事にする

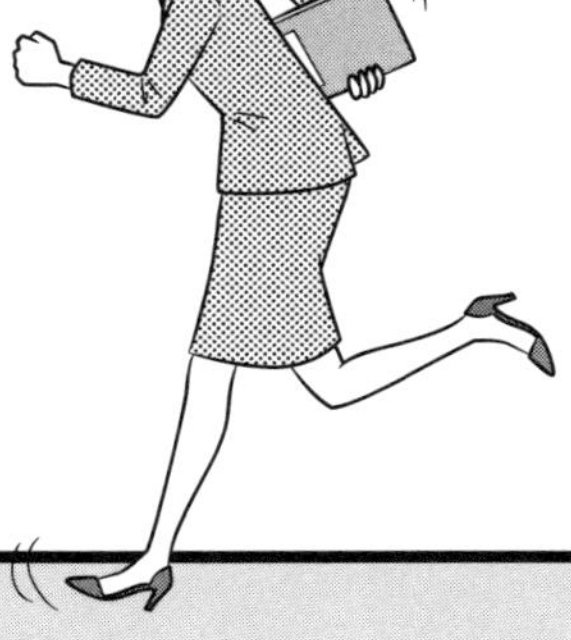

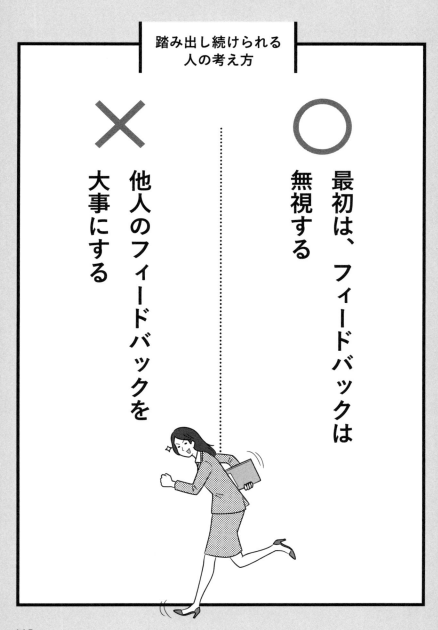

動き出したら反省しない（フィードバックを受けない）

こうして、めでたく第一歩を踏み出したとします。何かの会議での発言かもしれないし、プレゼンかもしれないけれど、ともかくファーストアクションを起こしたら、そこから、すべてがはじまります。

このタイミングでは、決して「反省しない」ことです。うまくいこうがそうでなかろうが、ここで振り返らないことをオススメします。

周囲の人が「もっとこうすればよかったのに」などと言ってくれることもあります。申し訳ないのですが、そうしたフィードバックもひとまず全スルーです。

ここで大切なのは、せっかく踏み出した第一歩を、第二歩、第三歩につなげていくことです。

初めての挑戦ですから、きっとうまくいかないことも多かったと思います。そこで反省したり、ネガティブなフィードバックに耳を傾けて、立ち止まることだけは避けなくてはいけません。

ここだけの話ですが、私は今でもフィードバックを受けることは慣れていません。ただ、経験を積んで、そのダメ出しやフィードバックを受けることが成長への近道、と理解するようになって、初めて向き合えるようになりました。現実を直視しなければいけないことはわかっていますが、自分なりに勇気を振り絞って行動して、心が折れてしまったら、元も子もありません。

褒めてくれそうな人を選んで「褒めて」と頼みにいくこともあります。そうやってあらゆるものを総動員しながら、とにかく「動く」ことが大事です。最初の一歩というのは、それだけ大変ですし、大事なのです。

ことにビジネスの世界では、自分から動かない限り、チャンスは回ってきません。ですから、時にはこうした「仕込み」もしながら、自分から「動ける」体をつくっていくのです。

2歩目、3歩目になったら、フィードバックをもらう

フィードバックを受けるのは、2歩目、3歩目を踏み出せるようになってからでいいと思います。

ここでは、なるべくポジティブなフィードバックを受けるようにします。先に書いたように、とにかく褒めてもらうのもそうです。

行動したら、自分のやったことに対し自己嫌悪に陥ったりしませんか？　私はそうでした。

若い頃、バンドでライブをやって、終了すると、自分たちがやってしまった細かいミスを思い出して、「全然ダメだったー！」と落ち込むわけです。でも周囲は、「よかったよ！　本当によかった！」と言ってくれる。なぐさめてくれているだけかなぁと思っていたのですが、どうもそうではないんですよね。自分たちが過度に自己嫌悪に陥っ

ているだけだと気づいて、ああ、私は、何か行動したらすぐ自己嫌悪に陥るんだな、とわかりました。実は今でも、人前で話した後は、たいてい自己嫌悪に陥ります。

最初のうちは、とにかくなるべく好意的なフィードバックを受けるようにします。好意的なフィードバックだけ聞くと、当然ですが、ポジティブになります。こうやってコンディションを整えながら、徐々に慣れていきます。そして、ネガティブなフィードバックも自分の糧にできるくらい余裕が出てきたら、その時、色々な意見に耳を傾けるようにすればいいのです。

行動し続けるには、自分に対する反応をコントロールすることも必要なのです。

踏み出し続けられる人の考え方

○

自己暗示をかける

×

マインドを整えずに取り組む

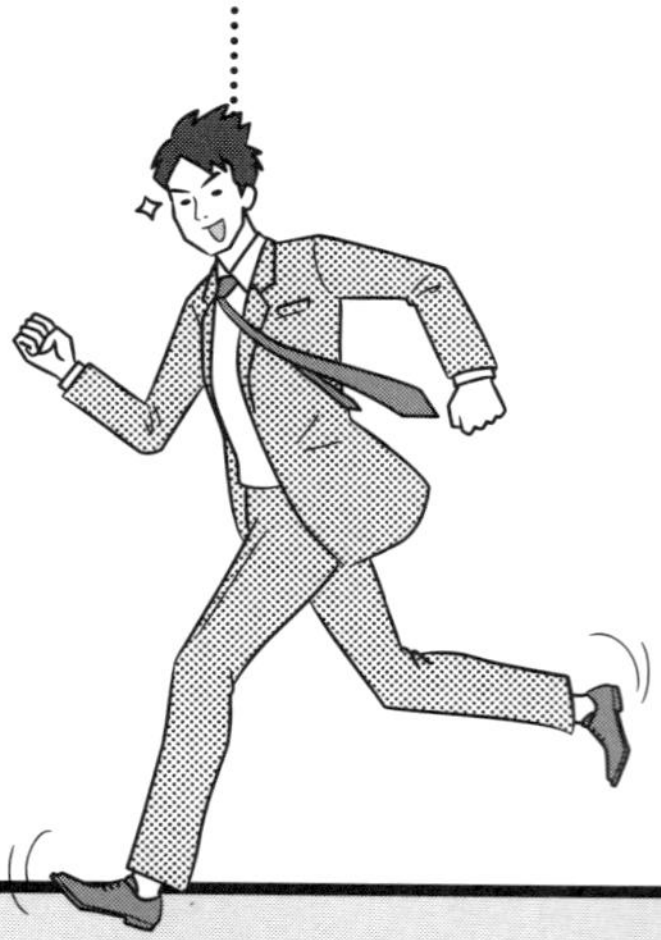

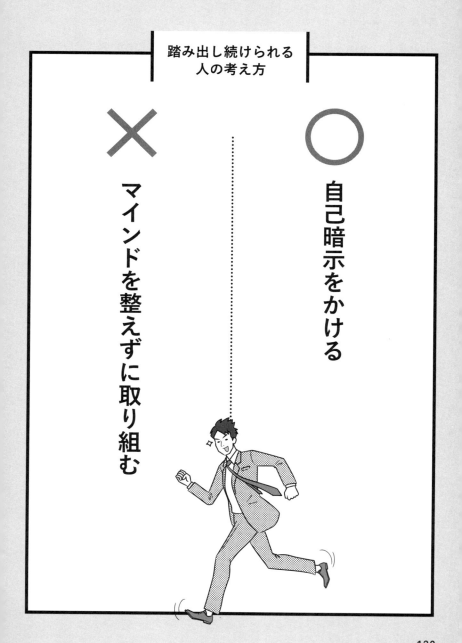

結果がすべて、だからこそ、自己暗示も使う

踏み出すうちに、より重要な局面にぶつかる経験も増えていきます。

重要なプレゼンや仕事に臨む時、私はよく自己暗示をかけます。控え室でヨットパーカーを着て、椅子に座って下を向き、１人で拳を握りしめながら、ゆらゆら体を揺らすのです。

私にとって、ここではヨットパーカーであることが重要です。頭からフードをかぶることで、控え室で出番を待つ格闘家の気分になれるからです。

体を揺らしながら「俺はできる、俺はいける」とつぶやきます。控え室で闘志を燃やすファイターの気分になりきるまで、そうやって自己暗示をかけます。

ここぞというプレゼンの時、３００回リハーサルしたこともあります。自宅のリビングや書斎やカラオケボックスで、身振り手振りを交えながら、プレゼンの練習をするのです。もちろん練習を重ねることによって、説得力を高めたいという目的もあります。しかし重要なのは「自分は誰よりも練習した」「負けるはずがない」という自己暗示をかけることなのです。

50過ぎた男がフードをかぶって体を揺らしながら、1人でブツブツ言っている姿は、知らない人が見たら異様だろうと思います。**けれども、ビジネスは結果がすべて**です。プロセスがいかに「ださい」ものであっても、結果が出たらそんなものは吹き飛びます。

「動く」ことは、そもそも怖いことですし、緊張するものです。けれども一度「動く」習慣が身についてしまえば、大気圏に飛び出したロケットのように、どんどんスピードがついてきます。

「動く」ことができるかどうかは、自分にかかっているのです。自己暗示でもなんでもかけながら、まずは軌道に乗せることが大事です。

ヒーローになる妄想をする

妄想することも大事です。

「いつか自分がリーダーとして成功できたら、きっとこの場面を思い出すな」と思いながら、緊迫するプレゼン会場に向かったこともあります。

以前に勤務していた会社で事業再編に取り組んでいた時は、元ミスミグループ本社社長の三枝匡さんが書いた『V字回復の経営』を読んで、自分が主人公だったらどうするか妄想しながら、自分のスタンスや発言・行動をどうするか、いつも考えていました。

大事なのは、**本を読む時、その主人公に自分を重ねて考えること**です。

本を読んで「この会社はこうしてV字回復を実現したのだな」と思って本を閉じるのと、「待てよ、俺の仕事では、こういうことができるな」「私が主人公だったら、こうするべきじゃないのか」という視点を持つのでは、本から得られることが十倍も百倍も違ってきます。

なんなら実在の人物でなくても構いません。漫画や映画の主人公から学んでもいいのです。リアルな経験も、バーチャルな経験も、自分の糧にできるように、妄想をしながら、昇華していきます。

行動する
習慣をつくる

○

行動↓振り返りのサイクルをつくる

×

行動して終わる

振り返りの時間で自分の血肉にする

こうして第二歩、第三歩を踏み出せるようになったら、次は振り返りです。
振り返りの時に大事なのは、以下を考えることです。

- **自分はどういう行動をしたのか**
- **その行動にはどんな意味があったのか**
- **それを活かして、今日から何をするのか**

つまり、実際の行動を振り返りながら、「Ｓｏ Ｗｈａｔ？（だから何か）」と問い、意味を抽出し、自分なりの教訓にしていきます。

ゴールは「Ａｈａ！（おお、そういうことか！）」と気づくことです。色々な経験

振り返る時に必要なこと

・自分はどういう行動をしたのか

Ex. B社とコラボでのイベントの提案

・その行動にはどんな意味があったのか

Ex. 自社だけでは規模が小さいため、今後コラボで販路・宣伝を広げていくことが必須。その一弾になれば

・それを活かして、今日から何をするのか

Ex. 前向きな感触であったので、双方にとってプラスになる落としどころを見つけ、イベントが成功できるよう取り組む

や見聞きした情報は、「Ａｈａ！」という気づきを得ることによって初めて、今後も使える知恵になっていくのです。そして具体的な行動につながっていきます。

振り返りの方法ですが、**「内省」**（自分自身で考えること）と、**「対話」**（人と話すこと）の両方を行なうとよいです。内省の手段として、私はよくノートに書き出します。SNSに投稿してもよいと思います。対話については、まずは、定期的に人と話すことをオススメします。ヤフーでは社内制度として、週1回、1on1と呼ばれる振り返りのミーティングを行なっています。マネジャーがコーチとなり、メンバーと振り返りを行なうのです。マネジャーにコーチになってもらいながら振り返りを行なってもよいでしょう。

また、本を読んだり、誰かがやっていることがいいなと思ったら、翌日からすぐに試してみることです。うまくいくこともあれば、そうではないこともあると思います。その行動を振り返ることで、行動や経験が自分の血肉になっていきます。

行動・振り返り・気づきのサイクルが回りはじめたら、こっちのものです。何か問題が起こった時に素早く仮説を立てることも、自分なりのポジションをとることも、やりやすくなっていることに気づくはずです。

迷ったらワイルドなほうを選ぶ

行動の習慣化につながる言葉も1つご紹介しておきましょう。

ヤフー前社長の宮坂学氏は「迷ったらワイルドなほうを選べ」と言っていました。何も重要な投資局面などに限った話ではありません。

たとえば昼食を食べる時。いつも行っているトンカツ屋に行くのか、近所に新しいエスニック料理屋ができて、食べたこともない国の料理だけれど美味しそうなので、そちらに行くのかと悩んだ時、エスニック料理を選ぶのは、自分にとってはワイルドな選択ということになります。

日常の中で、迷ったらワイルドなほうを選んでみる。

その積み重ねのうえで、行動や価値観が育まれていくのです。

Connecting The Dots（点と点をつなぐ）

スタンフォード大学の卒業式でスティーブ・ジョブズが行なった伝説のスピーチの中に「Connecting The Dots（点と点をつなぐ）」ということについて話す一節があります。

大学を中退してブラブラしていた時、たまたま出会ったカリグラフィに魅せられたことが、後にマッキントッシュの美しいフォントをつくり出すことにつながったそうです。ひとつひとつの経験をしている時には気づかないけれども、そうした点がつながって、やがて道になるというものです。

点と点をどのようにつないでいくかは、その人がどういう人生を送るかにかかっていると思います。スティーブ・ジョブズがパーソナルコンピュータの開発に取り組んで、初めて過去のカリグラフィを学んだ経験が線としてつながったように。

ひとつひとつの点は、放っておけば忘れてしまいそうな細かな情報でできています。

昨日の夕食時に家族と交わした会話かもしれませんし、通勤電車の中で見た雑誌の見出し広告かもしれません。見聞きした情報が頭の中でぐるぐる回って、ある時、パッとつながる瞬間があります。ひらめきがやってくるのです。

ひらめきは何もないところにはやってきません。意識や無意識の中の膨大な情報、つまり点の積み重ねがあって、初めて「つながる」瞬間がやってくるのです。私も、何度もそういう経験をしてきました。

行動・振り返り・気づきのサイクルが回りはじめると、それまで蓄積されてきた大量の点がつながりはじめます。そのために、日頃から点の量を増やすこと、つまり大量のインプットをしておくことが大事です。

点は多ければ多いほど、つながりやすくなります。よく「人生に無駄はない」というのも、そういうことなのだと思います。

「こんな取組ができないだろうか」という仮説を持って、主体的に動くことで、無数の点がつながりはじめます。蓄積してきた無数の点が宝の山になるのです。そういう瞬間は、誰にでも必ず何度も訪れます。

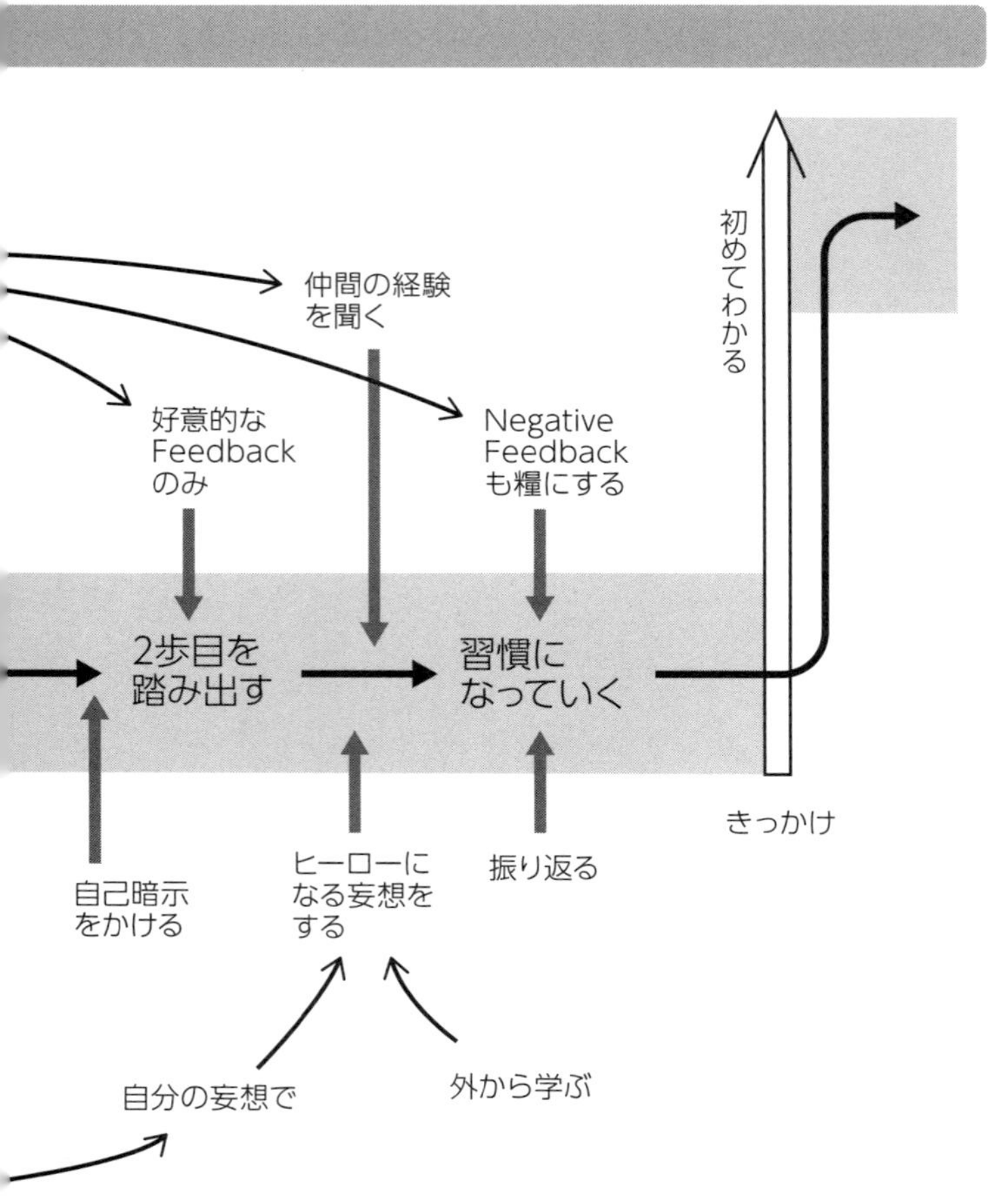

仲間の経験
を聞く
好意的な
Feedback
のみ
Negative
Feedback
も糧にする
初めてわかる
2歩目を
踏み出す
習慣に
なっていく
きっかけ
自己暗示
をかける
ヒーローに
なる妄想を
する
振り返る
自分の妄想で
外から学ぶ

最初の経験を積むプロセス

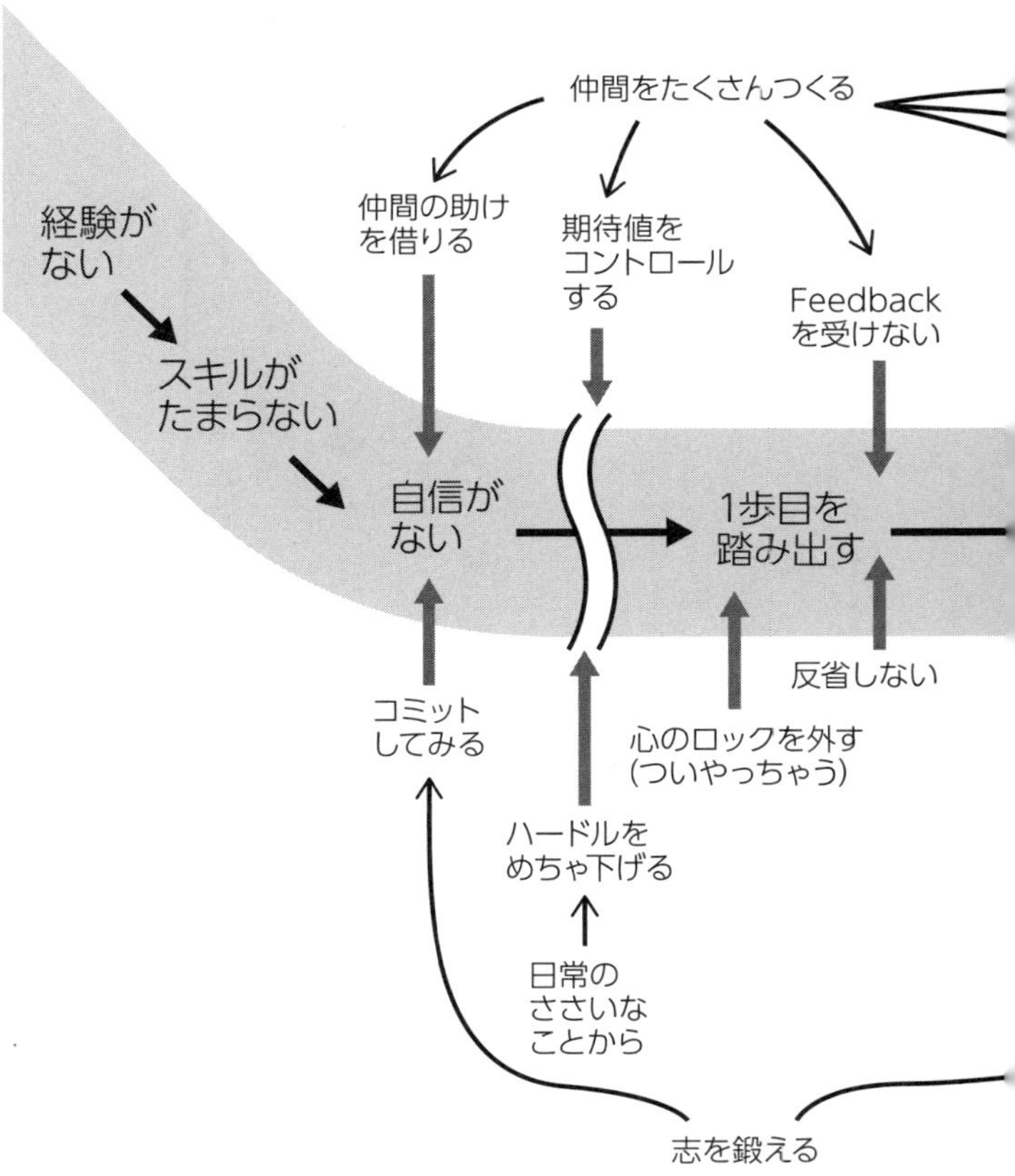

まとめ

動こうとしても、自信をもって踏み出せない。そんな方が一歩踏み出すためには、様々な「仕掛け」をつくることが必要です。具体的には、

・宣言する
・「ついやっちゃった」くらいの気持ちで
・「期待値コントロール」をする
・最初は、他人からのフィードバックは無視していい
・「行動↓振り返り↓気づき↓また行動」のサイクルをつくる

このような形で、動ける状況を自分でつくるのです。

第3章

人を動かす

他人を味方につけるには、人間関係のつくり方が大事

これまでの章で、「すぐ動ける人」がどう考えて、どんな感覚で動いていくのか、について説明してきました。

でも、仕事はチームでやるものですから、自分だけが「よし、わかった！」「これで動ける！」と思ったところで、うまくはいきません。

そもそも、「すぐ動けない」原因の1つに、「相手」があります。

「こんなこと言ったらどう思われるだろう」
「自分の意見を反対されたらどうしよう」
「どうせ自分が動いたところでみんな動いてくれない」

そういう想いが邪魔をして、気軽に動けないということがありますよね。

ここでは、「人といい関係をつくり、動いてもらう方法」をお話ししていきます。

人を動かせる人の考え方

○ 人は変えられると思っている

× 人は変えられないと思っている

他人は動かせるし、変えられる

「人と過去は変えられない」と、よくいわれます。

皆さんは、どう思われますか。


組織のなかで動く時は、自分だけでなく、相手がいることが前提です。

1人でなら動ける、ということは多いでしょう。たとえば、人前で歌うのが苦手という人でも、1人で部屋にいたら鼻歌くらいは歌えるでしょう。1人暮らしで、何も予定のない休日に「日帰りで旅行に行こう」と思い立ったら、すぐに行けるでしょう。

1人で完結するものなら、1人で割と自由にできますよね。


でも、組織で何かを行なう場合は、「相手」を動かさなければなりません。会社員はもちろん、フリーで働く人や個人事業主の方であったとしても、顧客や取引先など、様々なステークホルダーがいるはずです。そういう人たちを動かしていかなければなりません。

その時「他人の行動」をどう考えるか。

よく、

「人と過去は変えられない。変えられるのは自分と未来だ」

といわれます。だから自分を変えましょう、ということですね。

自分に矢を向けて自分自身が変わっていかなければいけないという意味では、その通りです。でも、本当に相手は変わらないのか、というと、どうでしょうか。

私は、「相手だって変えられる」と思っています。自分が変わるのは、自分で一から意識を変えることだけでなく、周囲の人からの影響もあります。だとしたら、自分の影響によって相手も変えることができるはずです。私がＹａｈｏｏ！アカデミアで行なっている仕事は、Ｙａｈｏｏ！アカデミアのセッションを通じて、受講生が成長することと、つまりよい方向に変わることとです。「人は変わらない」と思っていたら、できません。

大前提として持っておいてほしいのは、「相手は動く」「相手は変わる」ということです。ただ、直接相手の頭の中に手を入れて、考えを無理やり変えることはできないので、相手が変わるためのきっかけを与える。それによって変わってもらうんです。

そのための様々な方法は紹介しますが、**大前提として「相手は変わる」ということがイメージできないと、行動に力が入りません。**それもかなり意識しておかないと、「どうせ自分が言ったところで変わらない」と、「どうせ」という言葉が出てきます。それでは、物事はポジティブな方向にはいかないでしょう。

まず「人間、変わるんだ」と思うことが大事。

自分も変えられるし、他人も変えられる。他人を動かすこともできる。

そう考えることで、前に進めます。

人を動かせる
人の考え方

○

はじめに空気をつくる

×

いきなり話をはじめる

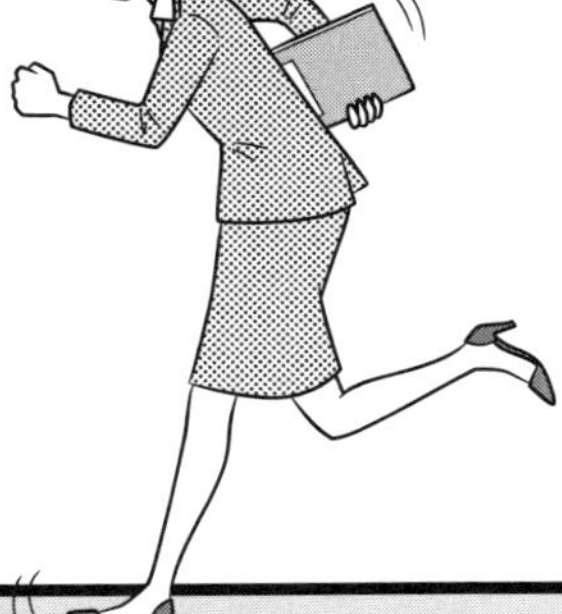

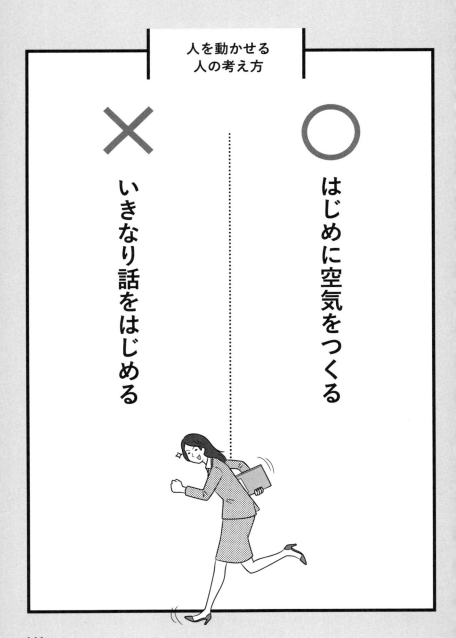

「心理的安全性」を築こう

多くの人がいるなかで、「これをはじめましょう」とか、「これに反対です」と発言するのは、慣れていないとなかなかできないものです。

前に書きましたが、企業研修でいくつかに分かれたグループの中でディスカッションする際は活発に意見が出てくるのに、全体に戻って「何か質問がありますか？」と言うと、途端に意見が出てこなくなる。大勢の人が出席する会議でも、同じことが言えます。皆さんが出席する会議も、小グループに分かれて話していると意見が出るのに、全体で議論すると「シーン」となっていることはよくありますよね。

小グループと全体で何が違うかというと**「心理的安全性」**ということだと思います。

「心理的安全性」とは、成功するチームに共通する特徴として、グーグルにより発表されたもので、他人の反応を気にせず、自由に発言できるような環境や雰囲気ができているということを指します。

先のケースでは、グループの中では安全だから話せる、でも、グループの外で開かれた状態になると心理的な安全性がないから、話せなくなる。そんな状況が生まれているのだと思います。

これを打破するにはどうすればいいか。会議や研修の場を「安全・安心の場」にするということです。つまり、自分がその場で発言しやすいように、その場の空気を変えるのです。

リーダーの人が発言しやすい場をつくってあげられるといいのですが、そのような職場だけではないでしょう。

だったら、自分でそうした場をつくってしまえばいいのです。

組織・チームを動かすコミュニケーション

組織・チームを動かすためには、２つのコミュニケーションが必要です。

１つは、瞬発的にロジカルにコミュニケーションできる力。今までお話ししてきたような、その瞬間、瞬間でしっかり頭を動かして、相手に働きかけるロジカルさをベースとしたコミュニケーションです。

もう1つは、人間関係をつくるためのコミュニケーション。

前者はたとえば会議でのコミュニケーションで、「ハレ（非日常）とケ（日常）」でいうと、ハレ。後者は会議を出た場所での人間関係。こちらは、ケのイメージです。

ハレ（会議）の場では、頭を働かせて正しいことをしっかり進めていく瞬発的なロジカルさが必要ですが、ケの日常的なところでは、頭を働かせるというよりも、人間関係をつくるために、時間をかけてじっくりじわじわつきあう。

「ハレとケ」の使い分けを常に私はしています。企画会議では頭を働かせても、普段は頭はあまり働かせずに、人間関係を深めるような行動をします。

それがなぜ必要かというと、会議の場は、決してその場の議論の正しさだけで物事が決まっていくわけではなく、**実際には普段の人間関係の中で物事が進んだりします。** その人間関係をちゃんと、会議以外の「ケ」の場でつくっておくと、有利に働くこともあるわけです。具体的には「あの人には信頼がおける」とか「あの人が言っていることはきっと正しい」といった印象を持ってもらえば、話が早いこともあるわけです。

ですので、会議（オフィシャルな場）でいきなり話すのはハードルが高い時には、日常的にコミュニケーションをとることにより、「話しやすい土壌」をつくっておく。これだけで全然違います。

人を動かせる人の考え方

○ 毎日のコミュニケーションが大事

× 飲み会が大事

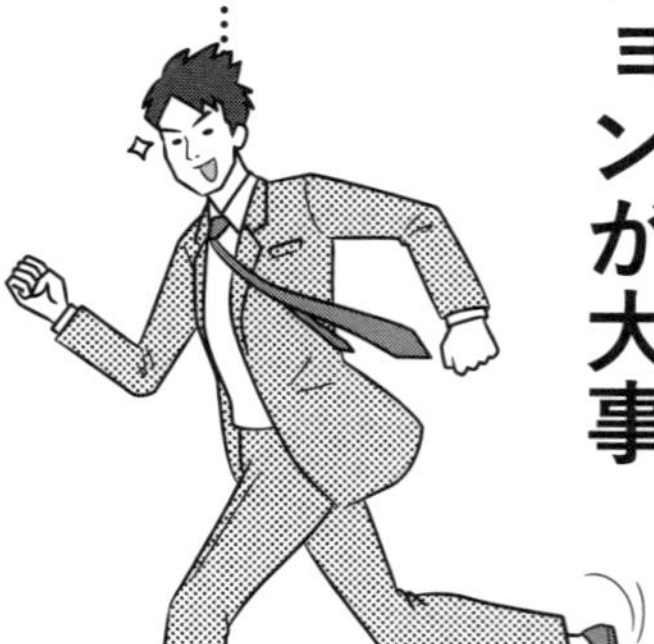

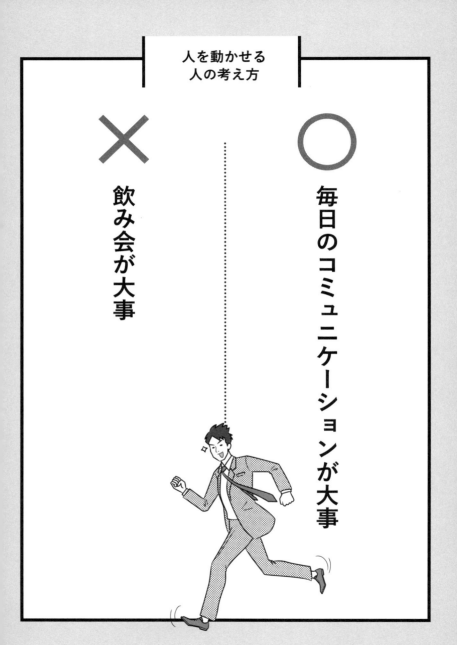

「ハレ」と「ケ」を意識しよう

具体的にどのように空気をつくっていけばいいのか、ここで説明をしておきましょう。

飲み会は必要最低限でいい

コミュニケーションを円滑にするために、組織で飲み会が開催されることがあります。人間関係を構築するうえでは「まずは飲む」というのは有効な手段かもしれません。ただ、プライベートの飲み会は楽しくても、仕事の飲み会はどうしても「付き合いで出なきゃいけないけど、楽しくないなぁ」と思われる方もいると思います。

最初に申し上げると、私はいやだと思ったら出ない、というのが基本だと思っています。

しかし、付き合いでどうしても出なければならないことがありますよね。そういう時はどうするか。仕事と割り切って、「楽しむフリ」をするのがよいです。そのためには、最初の10分が肝心です。

席はなるべく真ん中に座る。注文を取りまとめる。ひとまず大きな声でガハハと笑い、「さあ、乾杯しましょう！」と言う。「いや〜、暑いですね！！！」とか意味があるような、ないようなことを楽しそうに言う。

最初の10分くらいこんな感じで乗り切れば、あとは、誰かが何か言った時に、「そうだそうだウェーイ！」と人一倍大きな声で合いの手を打っていればよいです。

怖いのは自分に何か話題を振られた時。高いテンションはあくまでフリで、周囲に合わせているだけですから、話題を振られるとそのテンションが適当であることがバレてしまう可能性があります。

これを避けるには、あらかじめ振る舞い方を用意しておけばよいです。たとえばこんな感じです。
・直立して敬礼をして、「ラジャーっす！！！」とか適当に言う（大声で）
・「飲みます！」と言ってガーっと一気飲みするふりをして、途中で「ダメでしたー！」とドヤ顔で言う
・一芸をする。私は、胸を叩《たた》きながら声を震わせて「ワ・タ・シ・ハ・宇宙人・デス」と、まったくウケない芸を出して、ひとまず失笑を買うようにしていました

何でこのような話まで書くかというと、そういうことも含め、仕事だと割り切ればいいのです。コンテンツだけで勝負できる人間であればこんなこと考えず、嫌だったら出ないでいいじゃん、で済むかもしれないのですが、それでは職場でうまくやれない、と思う方は、「努力して、飲み会を乗り切る」技を用意する。そのくらい、仕事だと割り切っておけば、楽しくはなくとも、乗り切れます。それで良好な人間関係が得られるなら、ちゃんと努力しましょうね、ということです。

ただし、あくまでそれで心身の健康が維持できる場合は、ということです。それで

つらくなってしまっては、本末転倒です。

ちなみに私は、先ほどのような対処方法を自分でトライしつつ、新人の頃から、可能な限り飲み会は逃げていました。ひとまず出席したあと、頃合いを見計らって抜け出すことはしょっちゅう（どうせ皆酔っ払って、気づかないでしょうし）。あとは、そもそも出ないことも多かったです。

仕事の飲み会は、自分がいやだと思ったら出ないようにする、でいいと思います。飲み会で人間関係をつくる前に、昼間、職場で人間関係をつくろうよ、ということです。

日頃の人間関係は、質より量

本来は、1回の飲み会ではなくて、**日々5分のジャブが大事**です。つまり、「ハレ（非日常）」と「ケ（日常）」でいえば、圧倒的に「ケ」が大事です。

日頃からいろんな人に話しかけて、様々な話題を投げかけておくのです。

心理学的に、「好意を持った人の言うことは正しいと感じる」という話があります

（『影響力の武器』誠信書房）。そして、好意というのは、感情的に好きとか嫌いとかいう前に、「よく知っている」と、自然と好きになっていくことが多いですよね。そして、好意があれば、議論のうえでも、相手はこちらの話を聞いてくれます。

皆さんも経験があると思いますが、ある程度人となりをわかっている人たちと1時間会議をするのと、そうでない人と会議をするのでは、疲労度は全然違うはずです。

あらかじめ人となりがわかっていれば、相手の反応はわかりやすいです。「はい」とか「ああ」といった相槌《あいづち》の一つでも、過去の経験から、どんなニュアンスを込めているか、想像がつきます。相手の様子を見ながら「今大丈夫だな」とか、今まで見たことがないような怪訝《けげん》そうな顔をされたら、「ちょっと危険信号だな」とかわかるわけです。

そのあたりを汲《く》み取れない状況だと、何か話をするにも、探り探りでいかなくてはなりません。その分、疲れますよね。

また、相手との関係値によって、話の内容も変わってくるでしょう。知っている人同士でリラックスして喋《しゃべ》ればいい話ができるかもしれませんが、そうでなければ、「余計なことを言ってはいけない」と固くなります。疲れる上にいい話もできないということになります。

猿がやっている毛づくろいは、信頼があったうえで成り立つものだそうです。人間同士でも、知らないと安心して話せません。その安全性をお互いに持つために、タッチポイント（接点）を増やし、いろんな話題を投げかけておくのです。

そのためには、**「とにかく数を打つ」**のが鉄則です。いったん関係値ができあがってもずっとやり続ける。すると少しずつ、相手との深い相互理解が生まれてきます。なんでもいいのです。その人が持っているボールペンの話でも、その人が食べているお菓子の話でも、その人が先週末に行った旅行の話でも。話をしているうちに、その人の情報がたまっていきますので、次の機会には、たとえば翌日に、「昨日言っていた○○のことですけど……」と、話を深めていくことができるのです。

「挨拶」からはじめよう

雑談が苦手で、どうしたらいいかわからない人は、「おはようございます」からはじめてみるのはどうでしょうか。

挨拶は、改めて言うまでもないかもしれませんが、「おはようございます」でその日の最初のコミュニケーションが生まれるわけです。次に仕事の話をする時には、すでに最初のコミュニケーションを終えて関係値ができていますから、より距離が縮まっている状態で仕事に取りかかれるのです。これを日々、いろんなところで繰り返すと、日常の仕事のしやすさが大いに変わってきます。

そして、「おはようございます」も、**「おはようございます渡辺さん」「おはようございます田中さん」**と、相手の名前を入れて、相手に向けて挨拶する。これをやるだけでさらに違ってきます。

みんなが「おはようございます」と挨拶するようになったら、社内の空気が変わります。もし、自分の挨拶一つで空気を変えられた、という経験ができたら、次はもっと大きなことができるでしょう。

そして、次に目指したいのは、**「おはようございます田中さん、ほにゃららですね」**って一言何か見つける努力です。「おはようございます、田中さん。こないだのニュースあれですよね。田中さんが言ってたあれですよね」といった一言を添える。相手は、自分に関心を持ってくれていると感じます。そして、それが日々続くと、どんどん好意が膨らんでいきます。それが必ず仕事にプラスになります。

私が新卒で就職した銀行の同僚に、帰国子女の方がいました。彼は、毎朝「よう、羊一、おはよう。どう、元気?」と聞いてくるわけです。それを、時間をかけて、周囲にいる一人ひとりにしていく。英語で考えるとわかるのですが、これ、要は"Good morning, Yoichi! How are you ?"を日本語でやっているんです。

気づいて、おお、これはすごいなと思いました。日本人はほぼ単一民族で同質性が高いためあまり気にしませんが、欧米人がそうやって挨拶するのは、争いが起きる可能性があるので、「あなたと私は敵じゃありませんよ」と言い合っている、と聞いたことがあります。相手が襲ってくるかどうかはさておき、日本人もこれをやればいいのか、と気づきました。私たちは、顔を合わせても、特に「挨拶するほどの仲」でなければ、挨拶しなかったりすることが多いですが、"Hello, How are you ?"と言ってしまったほうが関係をつくるのは早いはずです。

日常の会話、特に挨拶は、ハードルが一番低いですよね。まず第一声を大きく発すると、そこから先の会話が変わってきます。

それをジャブで繰り返すうちに、それなりに土壌ができて、関係が深まってきます。しかもチームでは、毎日一緒にいたりするので、日々の〝コミュニケーションのジャブ〟が打ちやすいですし、やる、やらないの差がどんどんついてきます。飲み会に行くより、そういう日常的な球をどれだけ軽く投げ合えるか、ということです。とにかくボールを投げ続けることが大事です。簡単ですよね。とにかく「声に出してみる」をたくさんやること。これが第一歩です。

初対面でいい関係をつくるには？

初対面の時は、いい関係値をつくるチャンスでもあります。

私がヤフーに転職した時に、初日、2日目、3日目と、その日のフロアにいる全員と話をして回りました。

話題はなんでも構いません。ひとまず、「私はあなたと話したい」「私からあなたのところに行きます」という態度を見せて、1人ずつ、何かしら話題を見つけて、話しかけていたんです。「どんな仕事してるんですか?」「早いですね」「その文房具素敵ですね」などなど。何でもいいんです。

すると、一瞬のうちに関係が縮まっていき、すぐに、仕事上直接関係ある人もない人も、フロアの人みんなと友達になっていました。

これは相手が新人だろうが、偉い人だろうが一緒です。とにかく全員と話をする。それを何日も続けます。特に自分が管理職や何かの役職についた時には、ぜひ、試してみてください。すぐにフラットな関係値ができあがります。最初からそうやって動くと、その後、円滑に仕事を進めるうえで、効果は絶大です。

異動したり転職した時、ただ座っているだけの人もいるでしょう。「慣れていないので、誰に何をどう話しかけたらいいかわからない」と考えているのかもしれません。

それが普通の反応です。

でも、私から見たら、それはもったいない。人間関係は、自分から話しかけることで生まれます。毎日毎日「こんにちは、新人です！」などと言いながら話しかけると、向こうも悪い気はしません。実際、私がそのように挨拶して回っている姿を、「すごいなこの人は、と思って見ていました」という声を、1年ほどたってから何人もの社員から聞きました。みんな、そういう姿を見ているものです。

苦手な人もいるかもしれませんが、社内で自由に動いていくための準備として、確実に必要です。私は、今でこそ対人コミュニケーションがとれるようになりましたが、元々内向的な人間です。ですので、そうやってフロアを挨拶して回る、というのは多少ストレスも感じます。でも、その後のコミュニケーションを円滑にするための投資、仕事だと思ってやっていました。

これ、本当にオススメです。

社内のコミュニケーションは「仕事」である

「コミュニケーションをとらないといけない」と言われても、業務外のサービスだと思うから「めんどくさいよ」という話になりがちですが、本当はそれも含めて仕事です。

自分が成果を出すためには、他の人との協力関係が不可欠です。だからこそ、その協力関係を得るための関係値を仕事としてつくっておく。それだけで、いざという時、踏み出しやすいんです。朝の挨拶だけでも、変わります。

ある意味、地ならしです。それが積み上がっていった時の効果は、馬鹿にできません。地ならしした関係の中で瞬発力を利かせれば、だいたいうまい具合にいくわけです。

どんな会社でも少しずつでも、変えられると思います。

ケ、つまり日常生活の空気を変えることで、1回1回のハレ（非日常）のアクションが楽になります。だから、地ならしは日々行なったほうがいいのです。

反対意見を怖がらない

○

たたき台として、
まず自分の意見を言う

×

相手の意見と異なると
怖いから、恐る恐る意見を
言わないでとっておく

交渉の3つのステップ

会議などで、なぜ自分から意見が言えないかというと、

・何か提案しても誰もついてこないのではないか
・こんなことを言ったらバカにされるのではないか
・反対意見が出たらどう対応したらいいかわからない

といったことなのではないかと思います。

そのうち最初の2つは、先に関係値をつくっておけば、問題はなくなるでしょう。たとえおかしな意見でも、聞いてくれるし、励ましてくれます。いいアイデアをくれて、実行したいことが現実味を帯びてくるかもしれません。

では、3つ目は、どうでしょうか。

人を動かすためには、反対意見に対して、議論をし、合意していく必要があります。その時の方法を紹介していきます。

議論の４つのステップ

人を動かすには、次のような形で相手と議論するイメージを持っています。

①「想い」が伝わるよう、ストーリーを話す
②ロジックが理解されるよう、「結論と根拠のピラミッド」を話す
③対立点と共通項を見つける
④クロージングする

①「想い」が伝わるよう、ストーリーを話す

ストーリーとは、私は**「Why?（なんで?）から、So What?（それで?）につながっていること」**と考えています。言い換えると、「過去・現在・未来」とつながっている話のことです。なぜそのように考えたか、といいますと、「この話にあ

るストーリーはね……」と話すことは、「なぜこの話をしているかというと……」と言っているのと同じことだからです。加えて、その後、たいてい「これがどう未来につながるかというと……」となるのです。つまり、「Ｗｈｙ？（なんで？）から、ＳｏＷｈａｔ？（それで？）につながっていること」が大事なのです。過去があるから今があるので、Ｗｈｙ？には過去が必要です。そして、現在があって、これがどう未来につながるかという話につながっていきます。

「今、こうなっていますよね。それは過去、こうだったからですよね。過去のこういう視点から見ると『今』はこういう状態なわけです。その延長線で考えると未来はこうですよね」と。これを私はストーリーと呼んでいます。これを話すことで、自分の想い、つまり右脳の感情的な部分を話すことができます。

しかし、「想い」だけを話すのでは、「いったいこの人の主張は何なのか」となってしまい、理解してもらえません。「想い」を感じてもらったうえで、自分の主張を左脳的に理解してもらう必要があります。これは、まさに第1章で述べたような「結論と根拠のピラミッド」を話すわけです。

ここで大事なのは、第1章でも話しましたが、「たたき台」を示せるかどうかです。上手に話しているように見える人でも、ストーリーやロジックが完璧にできている人なんてあまりいません。だからこそ、「たたき台＝たたかれ台」を出すんです。そうしたら、その「たたかれ台」をベースに、相手からも意見が出てきます。

「意見を言って、相手の考えと違っていたら、どうしたらいいのだろう」という不安もよぎるでしょうが、何かポジションをとらなければ、相手と意見が違うことすらわかりません。

相手の論点を引き出すために、まず自分から裸になること。裸になった時に「バカか」「そこは違うんじゃないか」などと言われるのは怖いですが、そうしないと話ははじまりません。「ひとまず私はこう思う。なぜなら、こうでこうでこうだからだ」ということを早めに理解してもらいましょう。

意見を出して頼られる人と、軽んじられる人は何が違うか

そもそも、「意見を言ってバカだと思われたらいやだ」なんて、考える必要はありません。

人は「言っていること」ではなく**「普段、その人が何をしているのか」**を見ているんです。

では何を見ているのかというと、人間性です。

職場で重視される人間性には、３つの要素があるように思います。

1つには、その人が思っていることが邪悪ではないということ。いつも一生懸命仕事をしているから、今回も一生懸命考えて意見を出したんだな、とわかれば、誰も笑う人はいません。

もう1つは、一貫性があること。「この人は前も似たようなことを言っていたな」と周囲が思えば、相手は納得します。その人のスタンスを理解してくれます。

最後に醸し出す雰囲気です。

ポジティブであること。自分がポジティブなのはもちろんのこと、チームに対しても、世の中に対してもポジティブな人は、あまり嫌われません。

リーダーにネガティブな人は、ほとんどいません。ひょうきんだとか、ノリノリだとか、そういうことではありません。

ポジティブというのは、自分や、チームや、社会に対して、将来は明るい、と期待して疑わない、ということだと思っています。そういう人は、リスペクトされます。

反対意見を怖がらない

○

反対意見が出たら、
共通項を探す

×

反対意見が出たら、
相手のツッコミどころを探す

対立したらどうするか

「たたかれ台」を出すと、色々な意見が出てきます。賛成意見だけでしたら問題ないのですが、反対意見もあります。議論が対立した時、上司、部下の関係にあると、上司が一方的にダメ出しの意見を伝え、部下が議論することがなく、ただはい、はい、と言うことを聞く局面を私は多く見てきました。局面にもよりますが、それだと単に上司の意見が通るだけ。議論しないと、いい結論は出てこないでしょう。

実際には、「まったく反対」ということではなく、「この部分はのめない」「この部分はまあ妥協できる」ということの積み重ねだったりします。

ただ「Aがいい」と言うだけでは、相手もその話に対して「いい」とか「悪い」としか言えないわけです。しかし、「結論と根拠のピラミッド」を出せば、相手とどこがよくてどこが悪いか、議論ができます。

「このキャンペーンの時期については、9月がいいと思います。理由は3点。1つ目はこの商品の発売が7月、市場にある程度浸透した後にやりたいこと。2つ目は、9月、10月は、例年、全体売上が落ちてくるので、このキャンペーンでテコ入れをはかりたいこと。そして3つ目の理由は、10月にしますと、他社でも似たキャンペーンをはじめるように思います」

と話せば、相手も、どこに自分が引っかかるのかがわかり、「どこに反対なのか」を伝えやすくなります。

そして反対の意見が出てきた時は、すぐに説得しようとするのではなく、相手の意見をしっかり聞くこと。反対意見には反対意見なりの根拠があります。

だから、「よろしかったら、なぜそうお考えなのか、詳細をおうかがいできますか」としっかり話を聞いて、相手の意見も「結論と根拠のピラミッド」にしてみる。そのうえで2つのピラミッドをくらべ、「ここは一緒だけど、ここは違いますよね」というところまで一緒に話をしていきます。

たとえば、

「全体はいいけれど、この部分には疑問が残るからもう一度検討してほしい」とか、「別件があり、営業のリソースが足りないので、10月にしてほしい」

「8月の新製品のキャンペーンが終わったばかりだから、9月でも月末にしてほしい」

などと意見が出たのであれば、

「様々な制限を乗り越えたうえで、商品を最大限売り伸ばそうというところは皆さん共通していますよね。ただ、販売の人的リソースやスケジュールで問題がある、ということですよね」

とまとめていきます。

これができると、対立の多い会議を仕切ることもできるようになります。

「こうすればＯＫ」を見つける

最終的なクロージングとしては、違いと共通点を見つけたうえで、こちらで「合意点」を見つけ、そちらに誘導してあげることです。**決して、対決してはいけません。**

たとえば、「人的リソースが足りないのであれば、お盆期間中に『お試しキャンペーン』として、ウェブ上でリリースして、販売店さんのほうから引き合いがくるような仕組みをつくってはどうでしょう」などと、相手の要望を満たしつつ、合意できる方法を見つけていきます。相手が思わず「うん」と言うようなことを、つくっていくわけです。

とはいえ、相手次第であり、相手がどうしても自分の意見を通したい時は、「相手に花を持たせる」形をとるのもいいでしょう。

形式的には相手の意向を汲んで、感情的に花を持たせるのだけれど、結果はこちらでとる。名を捨てて実を取るような話の持っていき方ができれば、対立を避けやすくなります。

たとえば、先ほどの話でも、感情的になれば、

「お盆返上でこっちはやってるんだから、9月もキャンペーンをやるなんて通るわけがない！」

「そもそも売れるかどうかわからない製品に振り回されたくない！」

とけんか腰になってしまいかねません。その時、「ですよね、仰《おっしゃ》る通りです。じゃあこんな形を踏まえつつ、こういうふうにしていきましょう」と、相手の意見に寄り添っていくことができれば、相手は自分のことを理解してくれていると感じ、攻撃の手を緩めてきます。議論ではなく、「そういう態度」を見せることも大事なのです。


「いつもしっかり営業してもらっていますから、お盆はしっかり休みをとっていただいたほうがいいですよね。その間に大々的なウェブのキャンペーンをこちらで行なっておきます。お盆明けにはその口コミをもって営業をしてもらえれば、受注しやすくなるはずです。だから、9月中旬のキャンペーンにしませんか」

とすれば、相手も状況はわかってもらえていると感じるはずです。

犬がお腹を見せるのと同じように、クロージングにおいても「あなたのところに賛成です。だからこれを踏まえてこうです」と花を持たせながら結論が出せれば、決まりやすくなるはずです。

反対意見を
怖がらない

○

ひとつ視座を上げて話をする
「このプロジェクトを成功させたい
という気持ちは一緒ですよね」

×

「でも、この部分はこうですよね」
と説得しようとする

対立にならないところまで、視座を上げよう

社内だと部署同士の対立というのがあります。

普段は別々のことを考えている部署ごとの代表が、それぞれの部署のことを背負って話をするわけだから、特に新しいことをやる、といったことになると対立しがちです。

話が決裂しそうな時は、視座（レベル）を上げて考えてみます。

同じ会社であれば、必ずゴールは一緒です。

「我々の会社はお客様にこういうことをやるべきだということについては共有できますよね」

「うちの会社としてこうあるべきですよね」

「会社としてこんなことを目指しているよね」

会社視点で見れば、最終的なゴールは一緒です。

部の代表として話をしていると、それぞれの部署でやっている業務、アプローチが違うので、どうしても対立する構造になりやすいのです。でも「会社」という、対立点より高いレベルまで上げれば共感が得られるし、そこから少しずつ下りてくると、折り合える点が見つかります。

そもそも**「対立は、考え方の違いではなくて、単に立場の違いである」**ことも多いのです。

これは外部の人との話し合いも同じで、一度レベルを上げて、広く社会のためとか、お客様のためと言ったら、たいていの場合、一致しないはずがありません。

そもそも仕事で最終的に目指すべきことは、そこにあるはずですから。

資料の1枚目に共通の目的を書いておく

ある会社を訪問した時のことです。

あらゆる会議の資料の1枚目に、その会社の目的や信条が、必ず書かれていました。社内の会議だけでなく、社外の人を交えた会議でも、です。

すると、どんな議論もそこから入っていけるんです。大きなゴールから入っていけるから、実際の議論も相手が敵ではないところからはじめることができます。「対立は、考え方の違いではなくて、単に立場の違いである」ことが実感できます。

これは、裏を返せば、話の途中で相手が敵のような感じになったとしても、「敵じゃない状態」をつくれば、議論はうまくいくということです。

対立している状態も俯瞰《ふかん》で見れば、「何で対立してるの？」という感じに持っていけます。

社内の対立はセクショナリズムに起因するところも多いはずです。会議から戻って自分の部署の利益になっていなかったら、上司に怒られるんじゃないかとか。

それは、自分の部署の利害だけを考えたら当然のことで、必ずしも間違ったことではありません。

でもちょっと引いて見ていると、一見、意見が対立する相手であっても、同じ目標について違う立場で話している、ということがほとんどなのです。


私も同じような経験があります。

ある企業と組んで仕事をすることになった時のことです。

双方の上司はプロジェクトに入っていましたが、実際の交渉の実務担当者は自分と、相手の部署のＡさんという状況でした。

何度か折衝をしたのですが、お互いの上司はそれぞれの会社の立場でものを言うので何も進まない。上の言うことをそのままやっているだけでは、永遠にまとまらないなと。

まず何をしたかというと、食事に行ったりして、Ａさんと個人的に仲良くなりました。

その次に、可能な限り自社の状況をオープンにしたんです。すると相手も徐々にオープンにしてくれます。

そうすると「あれーっ？」ということが起こりました。

対立点だけを見ていたから何も話がまとまらなかったのですが、オープンにした時に、一緒に取り組んだほうがいい点が見えてきたのです。

「これってこういうふうにやったら話がまとまりやすいじゃん」ということがわかれば、交渉の下準備ができます。

そこで、「俺たちでシナリオをつくってプロジェクトをまとめよう」と、交渉に臨みました。お互いの状況をオープンにして、初めて見えてくるものもあるのです。

だからまずはオープンにする、話し合う、そして共通のゴールを探す。そんな行動なんだと思うんです。対立点にフォーカスしすぎると永遠に解決がつきません。

でも、別に難しい話ではないんです。

簡単にいえば、こちらがオープンに話せば、相手もオープンに喋ってくれる、ということです。「マジっすかー！　それ知っていたらこんなにこじれなかったのに！」

みたいなことは、よくあるのではないでしょうか。

自分の部署の利益になっていないと、「なんだお前」と言われるかもしれないですが、それにこだわっていては、物事が進んでいきません。


仕事の世界で生まれる対立は色々あります。

でも、
①心を開く
②共通の目標を見つける
③コミュニケーションの量
の３つを守ると、対立はすぐ解決することができます。

一番の問題は、部署に帰った時に「お前そんな話を決めてきて」「勝手にやるな」といった話になることでしょうか。でもこれも結局「コミュニケーションの量」が解決します。普段から、挨拶や雑談などで、たくさん話しておく。それに尽きると思うんです。

意見を通す

○ 多くの人が納得いく「言い方」を探る

× 正しいことだから、と自分の意見だけを通そうとして強弁する

「正しいこと」が、みんなをハッピーにするわけではない

理解しておきたいのは、人間関係や社会は、理屈だけではなくて、感情もとても重要だ、ということです。

現実には、

『みんながそれがいい』と言っていることは安心できる」とか、

「自分が目立たなくて済むようにしたい」とか、

「不公平にならないことが一番いい」とか、

いろんな人がいろんな考えに従って判断していて、必ずしもロジカルに「正解」が出せるわけではないのです。

したがって「自分の案こそが、ロジカルで正しい」と通そうとしても、必ずしも、

それをみんなが支持してくれるとは限りません。

だから、「正しいこと」を通すというよりも、**最終的には、みんなが笑顔になるような形で終えることを目指す**のが、チームで「物事を動かす」時に大事なところです。

もちろん、元々の目標、その会議として「誰の何に対して答えを出すのだ？」というところは外してはいけません。それを前提としつつ、会議のメンバーが笑顔になることも大事だから同時に目指そうね、ということです。

たとえば、

「新聞広告は1つの商品に絞ったほうが効果が出やすい。B商品よりA商品のほうが数字が出ているから、A商品の広告を打つべきだ」

とロジカルに正しいことを話しても、

「社内に不公平感が出ると困るから、今度の新聞広告はやはり両方掲載しよう」

という判断をする人もいるわけです。

最終的にA商品を通す、ということであったとしても、

「B商品は、以前一度新聞広告を打っていますから、今度はA商品の番です」

「B商品も大事ですが、今は新商品のA商品を打ち出すことが今後大事ですから、この期間だけA商品を注力してください。次回はB商品だけということもありです」

など、相手に配慮した伝え方を探すことが大事です。

要するに、自分の「正しい」意見を通したら、あとは他人がどう受け取るかは関係ないでしょ！ということではなく、チームで協力しあって生きているのだから、みんな仲良くしようねと。だから、相手に対して、言い方もしっかり配慮しようね、ということです。で、それが、あとになって必ず効いてきます。

「あの時、俺を立ててくれたな。今度は彼の意見をしっかりと受け取ろう」となるのです。そうしたら、より自分が動きやすくなるのです。「情けは人のためならず」です。

なぜか。そもそも「正解」などないからです。自分の主張だって、結局、その人の思い込みだったりします。だったら、みんながハッピーになる結論を探して、それをみんなが一丸となってやったほうがいいことも多い、ということです。

共同体の中を生きていることを意識しよう

言いたいことを言い、やりたいことをやるのも、個人としては悪くはないでしょう。ただ、人間、ひとりで生きているわけではありません。自分という軸は大事ですが、もうひとつ、社会という共同体の中で生きていることを忘れてはいけません。

たとえば、弾きたくなったからといって、夜中に防音設備のないマンションで、大音量でピアノを弾くでしょうか。人とコミュニケーションをとりながら生きていくうえで、守らなければいけないことはあるわけです。「自分という軸を大事にしたうえで、もうひとつ、社会全体や相手に想いを馳《は》せて、相手が笑顔になるためにも、自分は存在するのだ」ということだと思っています。

自分がやりたいことを踏まえたうえで、社会や相手が何を考えているのかということも考えて行動したほうが、最終的にいい結果が生まれるのです。

複数の人を動かす

○ 一人ひとりに声をかける

× 効率的に人を動かす

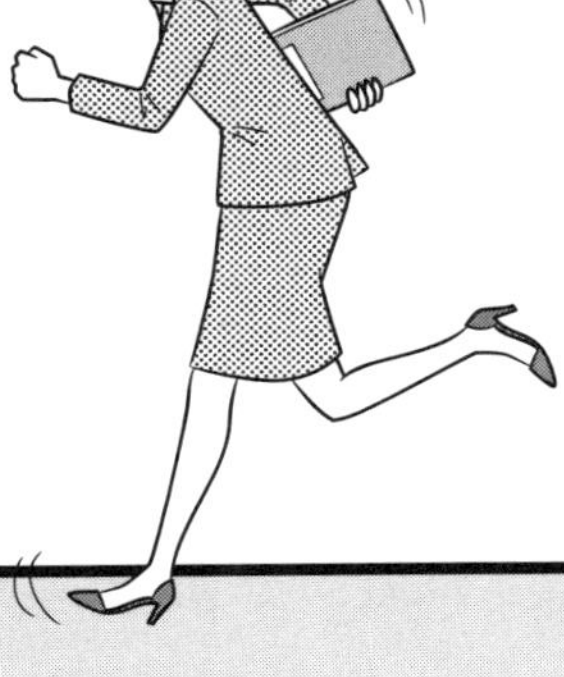

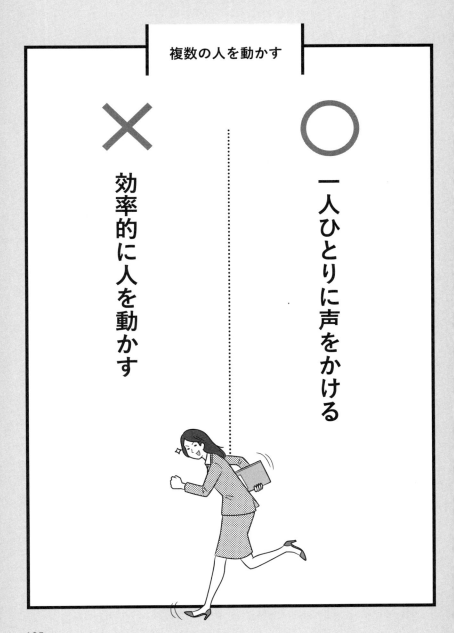

「一対多」のコミュニケーションだけでは人は動かない

「部署に新しいシステムを導入しようとしているのに使ってもらえない」など、「正しいことをやっているのにうまくいかない」という相談を受けることがあります。

導入するメリットをきちんと「結論と根拠のピラミッド」にして、説得力のあるプレゼンを重ねているのにです。

「なぜ動いてくれないと思いますか?」と尋ねると「みんなが忙しいから」「導入するメリットよりも煩わしさを感じているから」といった分析が出てきます。

そして「どんな打ち手を考えていますか?」と聞くと、「説明会の数を増やします」「キーパーソンを見つけて、その人からみんなに言ってもらうようにします」という返事が返ってきます。

けれども、大勢の前でのコミュニケーションを何度重ねても、ここぞという時には、必ずしも人は動いてくれないものです。

そんな時は「いっぺんにみんなに説明するのではなく、一対一のコミュニケーションを繰り返して、相手を動かしましょう」と勧めています。

プレゼンや説明会は、いわば「一対多」のコミュニケーションです。これは情報を正しく、いっぺんに大勢の人に同じ内容を伝えるために有効な手法です。またキーパーソンに対してアピールするにも絶好の機会になります。

けれども「一対多」のコミュニケーションで決定した物事を、色々な関係者を巻き込んで実行していくためには、それだけでは足りないのです。

全員に対して同じメッセージを発信しても、どう受け取るかは、相手によって千差万別だからです。「今日から新しいシステムを導入します」と言われても「便利になりそうだな」と思うか「面倒だな」と思うかは、人によってバラバラです。

であれば「一対多」のコミュニケーションだけでなく、「一対一」のコミュニケーションを全員とするべきなのです。

「新しいシステムを導入したいんです」

「なぜ使ってくれないのですか？」

そうしたやりとりを一人ひとりとしていくと、「忙しくてそれどころじゃない」とか「以前にも同じような新システム導入の話があったが、仕事が増えるばかりで効果がわからなかった」といった声、本音が返ってくるかもしれません。そうなったらチャンスです。

「では、その問題がなくなって、業務が便利になるとしたら使ってくれますか？」と聞けば「ああ、そうだね」と言ってくれる人も出てくるかもしれません。人間は「一対一」のコミュニケーションで話したことは、基本的に守ろうとするものです。これは、第2章でお話しした「コミットメント（約束）と一貫性」という原理が働くからです。

「一対多」と「一対一」では、コミュニケーションの方法が少し変わってきます。

「一対多」のコミュニケーションは、色々な人に一度に伝えることになります。全員が「あっ、自分に話しかけられているんだな」と思ってくれるくらい、わかりやすく、シンプルなメッセージをつくることが大事です。全社員の前で話す時、営業部の人は理解してくれるけれど、総務部の人にはわからないメッセージを話しても意味がありません。

「一対一」のコミュニケーションでは、相手に「寄り添う」ことが何よりも大事だと思っています。

必要な情報を伝えることはもちろんですが、相手がいまどんなコンディションなのか、きちんと見て、聞いたうえで、相手に届くように話すことが「一対一」ならではのコミュニケーションではないでしょうか。

人に動いてもらうためには、「一対多」「一対一」のコミュニケーションを使い分けながら、相手に地道に伝え続けることが大事です。

こうした方法は、一見非効率に見えますが、結局、「一対多」のみで「効率的に」

話すよりも確実に効果があります。

「特異点」をつくる

「一対多」と「一対一」どちらのコミュニケーションでも、私は「**特異点**」をつくることを意識しています。

「新しいシステムの導入がうまくいかない」という相談の時には、冗談まじりで「毎朝、出社時刻に門のところに仁王立ちして、『なぜ使わんのじゃ！』と言い続けてみたらどうですか」とアドバイスしたこともあります。

自分が社内で新しいコミュニケーションツールを導入した時は、社員の書き込みすべてに対してコメントをつけ続けました。

やりすぎるくらいにやると、周囲が「えっ？」と思うのです。そして話題になります。

「伊藤さん、なんで朝から晩まで俺たちの投稿にコメントつけ続けているんだ？」

「ちょっとおかしいんじゃないの？」

最初はネガティブだった反応も、続けることで、変化が生まれます。

「あそこまでやるんだから、何か強いポリシーがあるのかもよ」

「もしかしたら、いいものなのかもしれないね」

「あれだけされると、流石に、俺たちも応えなきゃね」

というようにです。


そもそも、なぜ人が動かないのかといえば、これまでの行動を変えなければいけないからです。

これまでの行動を変えてもらうためには、当たり前のことを当たり前にやっているだけでは、なかなか成果には結びつきません。

人が「あっ」と驚くくらいの特異点をつくり出すことで、初めて人に印象づけることができます。

「この人は本気でこれをやりたいんだな」というメッセージが、そこから伝わりはじめるのです。


私はヤフーに転職した時、入社１週間目から、社内他部署のキーパーソンとアポを取って会いに行き話を聞きました。最初の1週間は、フロアでの人間関係をつくりながら話を聞くための仮説を立てていました。そして一気に数十人の人と会ったのです。「入社早々そんなことをするなんて、びっくりした」と後から言われ、自分としては普通のことだったのですが、他の人は、そこで遠慮したりするのだな、ということに気づきました。

それができたのは、入社前に、外部でも得られる色々な情報を集めて、そして最初の1週間で、自分の組織の人間から得られる情報をヒアリングし、自分なりの仮説をつくって準備していたからでもあります。

自分がおぼろげながらつくった「こうかな?」という仮説を、「一対一」のコミュニケーションを重ねながら、速いスピードで検証し、修正していったのです。第1章でも話したように、まずは仮説をつくり、ポジションを取らなければ、無駄に時間が過ぎていくばかりです。早い段階で自分のポジションを決め、「一対一」のコミュニケーションで、すり合わせをしていく。そのスピードや数で「特異点」をつくることで、まずは自分が動きやすい環境をつくる。そんな合わせ技として使うことも可能です。

印象づけたいなら、まともなことだけやっても難しい。
メールで一斉送信でメッセージを送ったところで、「またか」で終わります。
相手の気持ちを引っ張り出すなら、「マジで!?」と相手に思わせる。
まず、関心を持ってもらえるか否かで、その後が大きく変わります。

プレゼンの前に

○

プレゼンの前にさりげなく相手の感情にアピールする

×

本番で一発勝負する

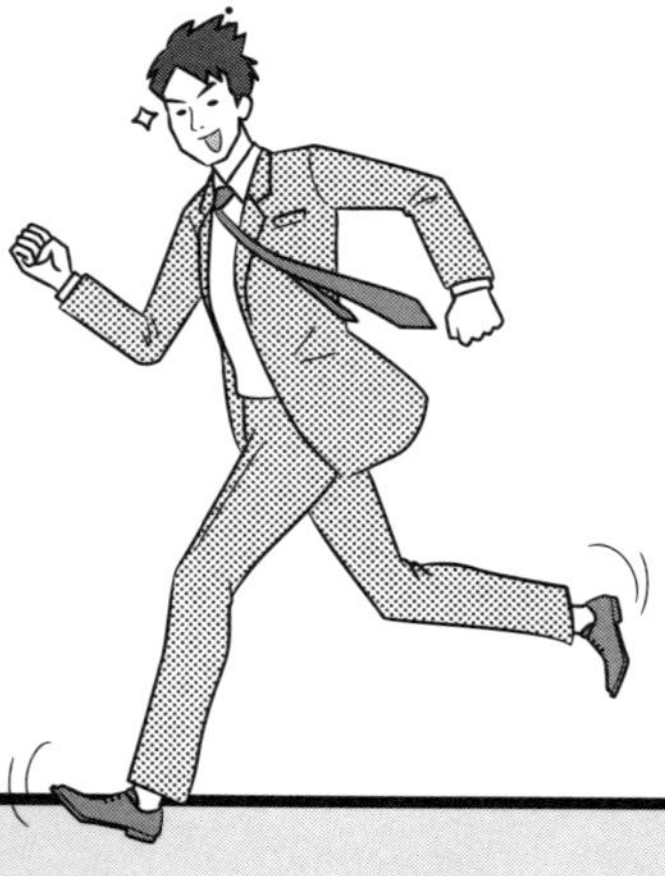

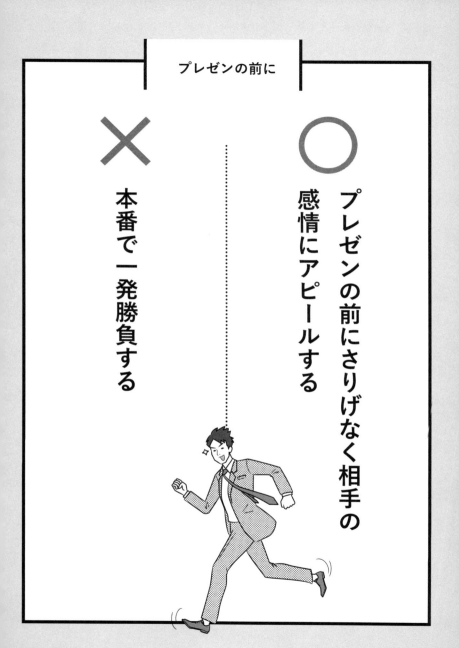

目的を達成するためには、「根回し」でもなんでもやったほうがいい

プレゼンや大事な会議の前に、「根回し」をされる方はどのくらいいるでしょうか？

よくある根回しは、事前に通したい企画の内容などを決裁者に伝え、おうかがいを立てておくものです。こうした「コンテンツ」の根回しはよくあります。会議の前に課長や部長をつかまえて「ちょっとお時間をいただきたいんですけど」と話をする方もいるのではないかと思います。

根回しには、この「コンテンツ」の根回しのほかに、もう１つあります。それは「感情」の根回しです。

たとえば、チームのメンバーが部長にプレゼンをした時にあまりに稚拙で「もう二度と話すな！」などと言われたとします。でもチームとしては、その提案は通したい

し、そのメンバーには挽回のチャンスをつくりたい。そんな時、私だったら、通すための完璧なストーリーをつくったうえで、部長にジャブを打っておきます。

まずは、メールです。「次回のプレゼンは私がちゃんと内容を見ています。彼もきちんとやらなくてはいけないと心を入れ替えています。プレゼンの内容がよくなければダメでも構いません。ただ、彼は挽回しなければいけないと頑張っているので、ちゃんと見てください」といった内容で、気持ちをこちらに向けます。「今度はちゃんとやろうと頑張っている」という姿勢を見せれば、相手も聞いてみよう、と思ってくれるでしょう。

さらに、プレゼンの何時間か前に、部長が行きそうな場所をうろうろしてみます。そしていざ部長に会ったら「彼のプレゼン、結構いけてますよ」と、一言声をかけておきます。すると「どれどれ、じゃあ聞いてみようか」という気持ちになってくれます。

本題に入る前の2回のジャブで、相手にポジティブなマインドセットをつくっていくのです。

反対派には、「過去」と「未来」を話す

「この課長は絶対に反対してくるだろうな」という人がいたとします。

そういう人に、直接具体的な提案内容を話してもダメです。へたに「いいね」と言ってしまったら言質をとられてしまうと、かえって警戒されてしまいます。

そういう人には、前に述べた「ストーリー」すなわち経緯（過去）や未来のことを話すとよいでしょう。

たとえば、

「過去、こういうことで問題が起こっていて、こういうふうにするといいんじゃないかと思うんですよね、だからこんな提案をしようかと」と通したい内容の「Ｗｈｙ」に触れておくとか、「今後は、こういうふうにするといいと思っているんです」という「Ｗｉｌｌ」（意志）を話すとか。すると相手も「そうだね」と話を聞きやすくなります。

「根回し」というと、マイナスのイメージを持つ人も少なくないでしょう。

でも私は、ゴールにたどり着くために必要なら、どんどんやったほうがよいと思います。事前に相手の機嫌がいいか悪いかといったことも、確認してから動くことが多いです。

社会の中で生きていく以上、人との関係を重視しながら動いていくことは必ず必要です。だったら、どうしたら相手はこの提案に喜んでＯＫを出してくれるだろうか？と考えて動くことです。

そういうところまで相手に気配りしないまま、「うまくいかない」というのは甘いように思います。相手がどうしたら気持ちよく動いてくれるかを考えることは、どんな仕事にとっても必要なことだと思います。

人を動かす

○ みんなで空気を動かす

× たった1人で空気を変える

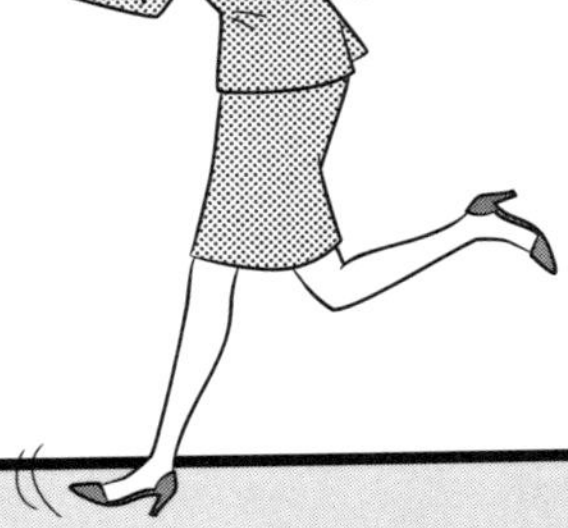

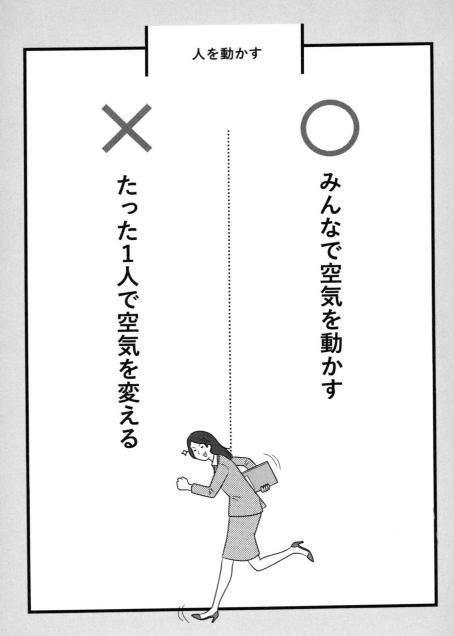

たった1人で空気は変えられない

物事を動かす時には「周りと握る」のが大事です。

1人で空気を変えようと思っても無理ですが、周りの協力があれば、オフィスの空気も、会議の空気も変えられます。

ある会社の話ですが、ある部署が常にシーンとしていました。同じ会社の人さえ、「あの部署はシーンとしているから行くのいやだな」と言っているし、お客さんが来てもシーンとしている。あまりにシーンとしているので、お客さんにも「いらっしゃいませ」と皆、声をかけづらかったそうです。

そんな部署で仕事をしていたある人が、新しい取引先に行った時、驚く経験をしました。自分がフロアに入っていくと、みんな立ち上がって、口々に「いらっしゃいませ」とあたたかい感じで挨拶してくれたのです。

彼は、「これいいなあ」と思って、会社に帰って、３人くらいの仲間に「これうちでもやってみない？」と話したそうです。

最初は３人だけで「いらっしゃいませ」と言っていましたが、そうこうしているうちに、１人また２人と挨拶をする人が増えていって、最終的にはみんなが「いらっしゃいませ」と言うようになってきた。なかには立ち上がって挨拶をする人も出てきたのです。

こんなふうに、１人では動かないものも、何人か仲間がいると、空気は変わっていくのです。

１人で何かはじめると心が折れそうな時もありますが、仲間とやりはじめれば、誰かしら「いいね」と思ってついてくる人は出てきます。すると安心・安全の場ができて動きはじめます。

最終的には、そのフロア全体が常に「いらっしゃいませ」とか「こんにちは」と声がかかるようになりました。

私はその話を聞いて、みんなで動けば変わっていくのだと実感をしました。

「組織の意思」なんて存在しない

こうした話をすると、「なぜ、そこまでやるのですか?」と聞かれることがあります。

私は、自分の想いを形にして、とにかく結果につなげるためです、とお答えします。

すると「会社という組織の中で、自分の想いをそこまで出してしまっていいのですか?」と聞かれることもあります。


けれども**会社という組織の中だからこそ、自分の想いを出すべきだ。**私はそう考えています。

想いを形にしていけば、それが実績になり、事業となっていくのです。

仕事だから、自分の意見を言っちゃいけない。

仕事だから、自分の想いを優先させちゃいけない。

そんな思い込みが、今の日本では、まだ一部ではびこっています。組織の意思こそが大事で、個人はそれに従うべきだとでもいう風潮です。

けれども、組織の意思などというものは、本来は存在しないはずです。会社とか、組織は、単なる箱です。

どんなに大きな会社でも、誰かが腹をくって意思決定しています。その意思決定の根幹にあるのは、最後は人の想いであり、覚悟です。逆にいえば、その意思決定をできずに先延ばしにしている会社が凋落《ちょうらく》していったのが、日本の「失われた30年」ではないでしょうか。

会社を動かすのは、一人ひとりの意思の積み重ねです。

そこで、会社を動かしていくのも、誰かについていくのも、自分自身の選択です。

× 相手は変えられない、変えられるのは自分

◎ 相手だって変えられる

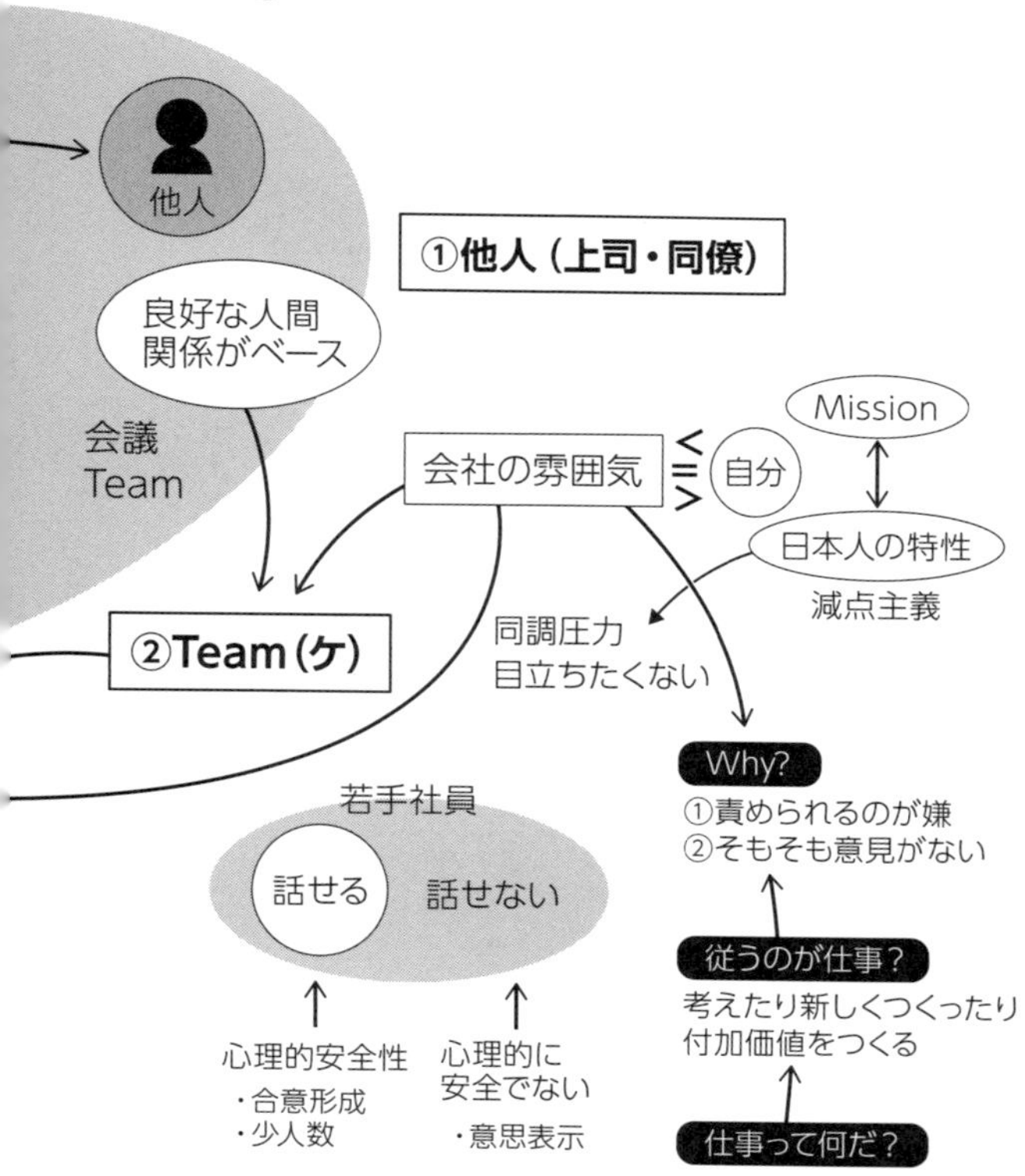

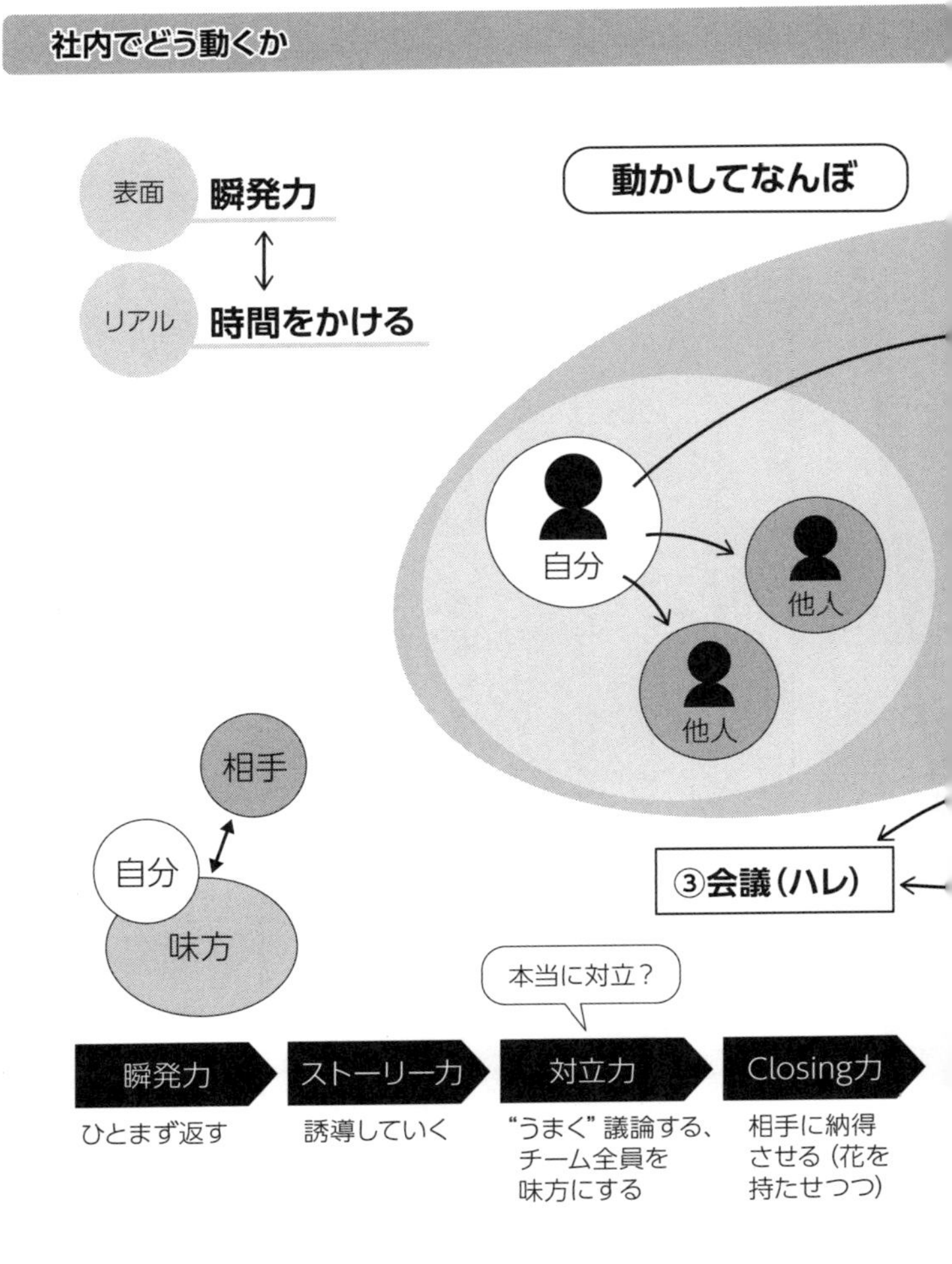
社内でどう動くか
表面
瞬発力
リアル
時間をかける
動かしてなんぼ
自分
他人
他人
相手
自分
味方
③会議（ハレ）
本当に対立？
瞬発力
ストーリー力
対立力
Closing力
ひとまず返す
誘導していく
“うまく”議論する、チーム全員を味方にする
相手に納得させる（花を持たせつつ）

まとめ

自分が踏み出す準備が整っていたとしても、それだけではダメ。相手がいるからです。

・挨拶で地ならしし、話しやすい環境をつくる
・人は変えられると考える
・一段階視座をあげて、合意できるポイントを探ろう
・目標を達成するために「できることは何でもやる」という意気込みで「動かしてなんぼ」のつもりで相手を動かしていきましょう。

第4章

「軸」を持て

「軸」が自信や成長の原動力になる

第1章で、仮説を生み出すためには「志・妄想・好奇心」が必要とお話ししました。この中で一番難しいのは、「志を立てる」ことではないでしょうか。

よく「自分の軸を持ちましょう」「志を立てましょう」「自分のビジョンを明確にしましょう」といわれます。けれども机に向かって、自分が何をやりたいのか考え続けても、なかなか思いつかない。そんな人が多いと思います。

でも、**最終的には、「志」や「軸」が、瞬間的に自信を持って動くための原動力になります。**

自信がないから動けない。では、その自信はどこからきているのというと、自分の「軸」を持ち、それを磨いているかどうか、というところにたどり着くのだ、と考えています。

大げさな話に聞こえるかもしれませんが、私は仕事・プライベートの別を問わずあらゆる判断を、自分の生き様のようなものに、照らし合わせて決めています。するとと、判断軸が明快であるため、「すでに答えは見えている」ということが多いのです。

逆にいえば、「どっちでもいい」という話については、人の話を聞いて決めたり、データを集めて決めようということになるかもしれませんが、それでも最終的には「軸」がないと決められません。「てっぺんのないピラミッド」という話がありましたが、いくらデータがあっても、「方向性」が決まらなければ、意味をなさないのです。

「志」「軸」「価値観」の関係

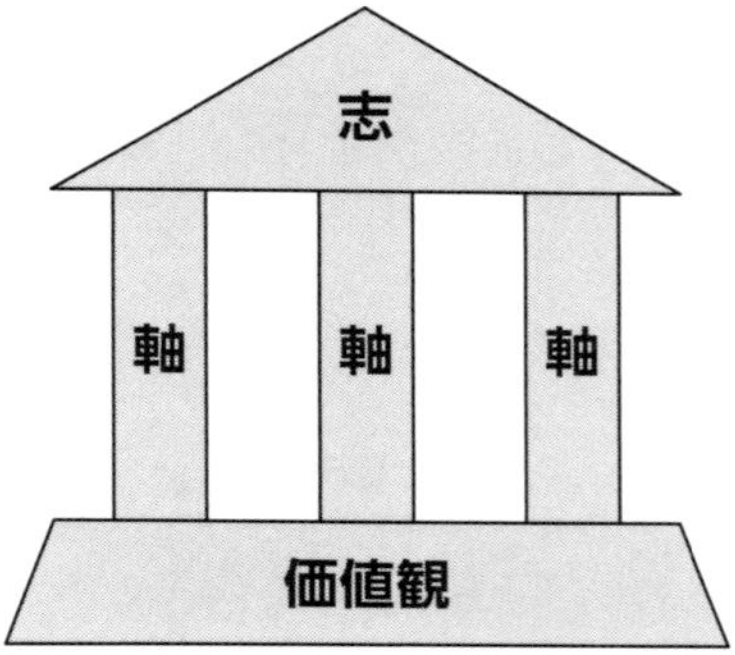

「志」の形

志や軸、価値観といった「自分の想いに関するもの」は、こんな構造になっていると私は考えています。

意思決定をする時に、人が判断基準にしているものを、私は「軸」と呼びます。人によって強い弱い、はあるでしょう。でも、人は何かしら自分の中に、意思決定、判断のよりどころにしているものがあると思います。

その「軸」はどのようにつくられているでしょうか。それは、その人の「価値観」が土台になっています。価値観というのは

「何が好きか」「何が嫌いか」「何を大事にしているか」という「自分にとっての、価値に対する基準」です。ですので、「軸」も価値観の一部です。価値観の中で特に重要な要素で、自分にとって譲れない想いを「軸」といってもよいでしょう。

自分の「軸」があれば、自分を取り巻く色々な事象を、自分の基準で判断することができます。そして、何を「自分ごと」として捉えるべきなのか、そうではないか、明確になります。

一度、自分の中に軸ができれば、経験を重ねるごとに、その軸はさらに明確なブレないものになっていきます。すると、自分の結論を出すことは、いっそう簡単になっていきます。

軸があるとポジションがとれる

飲酒運転事故のニュースを見たとします。

「自分は決してこんなことをしない」と誓う人もいるかもしれませんし、飲酒運転事故を撲滅しようと立ち上がる人もいるかもしれません。「自分には関係のないことだ」と判断してスルーする人もいるでしょう。

ニュースで見た事件に対して、自分のポジションをとっている（自分の意見を持つ）のです。要するに、人それぞれ自分ならではの軸があり、その軸に基づいて判断しているのです。

ビジネスでも同じです。

自分の軸が明確で、そこにあてはめて考える癖がついていれば、瞬間的にポジションをとることができます。ある議題に対して、賛成か反対か、即座に意見を言うことができますし、その意見に沿って動くこともできます。

20代の私には、自分の軸というものがありませんでした。色々判断しなければいけないことも、どうやって考えたらいいかわからない。ですので、意見を求められることが、とても苦手でした。

自分の軸がないので、判断基準になるものは上司の言葉しかありませんでした。上司に認められることがすべてで、自分の頭で考える習慣がない。自分の頭で考えられないから、言われるままに動くことしかできない。自分のやりたいこともわからないし、自主的に動くこともできない。

そんな状態ですから、たまに意見を求められることがあっても、ポジションをとることができません。そのたびに適当なことを言って何とかしようとする。

ましてや社会に対して何か貢献できるなどと考えもしません。自分は社会とは切り離されている存在で、社会で起こっていることに自分が何か影響を与えたり、役に立てるとは思ってもみませんでした。

自分がやりたいことは、会社が決めた業務から選ぶ。みんなにすごいと思われることにチャレンジする。軸がないので他者の判断、評価の中で生きる。そういう人生でした。

現在の私は、仕事でもプライベートでも、あまり迷うことなく判断できます。

これは、自分の軸が明確になったからです。

あらゆる判断をする時、自分の軸に照らし合わせます。

時には迷うこともありますが、判断軸が明確なので、たいていの場合、即座にポジションをとることができます。
もちろんリサーチが必要な時には、データを集めて検討しますし、人の話も聞きます。ただ、そうした情報収集の先に答えがあるわけではないのです。そうした情報は、あくまでも仮説を裏打ちする材料にすぎません。その仮説をつくるためには、自分の軸に照らし合わせています。

自分の中の軸を明確にできるまで、10年以上かかりました。もちろん軸は一度決まればいいというものではなく、絶えず変わっていくものです。ただ、自分の価値観に裏打ちされた軸を持っていることが大事なのです。そしてその軸を、私は常に鍛え続けています。

軸があれば意見は出てくる

ある時、量子コンピュータに関するイベントでの基調講演の依頼をいただきました。400人が集まる大きなシンポジウムで、参加者は経営者が中心ということでした。

私は、量子コンピュータについてはまったくの素人です。とても人の前で話すことはできそうにありません。そう思ってお断りしようとしたのですが、友人に「羊一さん、それは自分の大切にしている想いにつなげて話せばいいのですよ」とアドバイスいただき、そうかと受けることにしました。

まずは、自分で量子コンピュータのことを徹底的に勉強し、専門家の知り合いにレクチャーを受けましたが、そこに止まらず、「量子コンピュータ」というテーマを、自分の軸、自分の考えに当てはめながら、ストーリーを組み立てていきました。私は「自分の人生をリードしよう」という軸を持っています。つまり、結論としては、「結局、量子コンピュータにしてもＡＩにしても、人が生きてくための道具なのだ。そのため、自分をリードする、ということをまず考えることは変わらない。経営者として何をなしたいか、ということをまず考え、実行していくことは変わらない」

と話しました。

聴衆の皆さんからは、すごく評価いただきました。量子コンピュータ自体がまだ一般的でない今、まず、考える指針が欲しかったと。それを話してくれた、との声が多かったのです。

本当は、こんなことを言ったら笑われてしまうのではないかと私もどきどきしながら喋ったのですが、思った以上によい反応が返ってきました。

この時、どんな内容のことであっても、自分の軸に照らし合わせ、自分の軸に従って話をすることの大事さを知りました。

軸が見えると、相手と組みやすくなる

ちなみに、なぜ、私がそんな依頼を受けたのか。イベントのご担当者におうかがいしたところ、「物事をわかりやすく構造化し、説明することが得意そうだから、量子コンピュータを、伊藤さんなりに解釈していただき、説明してほしかった」ということでした。

量子コンピュータの専門家に、専門知識で太刀打ちすることはできません。けれども、物事をわかりやすく解釈し、シンプルな言葉で説明するという領域については、確かに多少の経験があります。

「物事をわかりやすく伝えたい」という自分の軸が明確になり、色々な行動の積み重ねで、「伊藤はこういうことが得意なんだな」ということが外から見てもわかりやすくなり、一見関係なさそうな領域で依頼いただいた、ということかと思います。この挑戦によって、今まで知らなかった分野の知識を学ぶことができました。そして、やってみたいことがさらに増えたのです。

自分の軸を明確にすることで「あの人はこういうことが得意なんだな」「こういう価値観を大事にしているんだな」ということが周囲にもわかりやすくなります。

以前の私なら、軸を明確にすることで「わがままだと思われないか」「仕事を選ぶと思われるんじゃないか」と心配したかもしれません。けれども、得意領域もやりたいこともはっきりせず、「言われたら何でもやってみますよ」という人には、実は仕事を頼みづらいのです。「自分の軸はこれです」と明確にすると、情報もその軸に引き寄せられるように集まるようになりますし、何かあれば思い出してもらえるようになります。

自分の「軸」のつくり方

では、どうすれば自分の軸を明確にすることができるのでしょうか。

２１０ページの図のように、軸は自分の価値観から滲《にじ》み出てくるものと思います。そして価値観は、過去の経験の積み重ねから生まれてくるものです。

Ｙａｈｏｏ！アカデミアのリーダーシップ開発では、必ずこの「軸を明確にする時間」を設けています。

自分の軸を明確にするために、まずは過去を振り返ることからはじめます。過去を振り返り、自分の価値観を明確にしていくのです。

①自分の過去を振り返る

まず最初に、ライフラインチャートを書きます。ライフラインチャートというのは、モチベーショングラフとも呼ばれるツールで、生まれてから現在に至るまで、自分のモチベーションが上がっていた時のこと、下がっていた時のことを書き出していくものです。

生まれた時から今まで、時系列で順を追って、どんな時に嬉しかったり楽しかったりしたのか、逆に、どんな時に落ち込んでしまったのか、曲線で書いていきます。すると、自分の人生って、この時はしんどかったけれど、このタイミングで復活して、それがきっかけになって盛り上がっていったなとか、この時こんなきっかけがあって、さらに盛り上がったな、ということが徐々に見えてきます。人生の分岐点となった事象や、忘れられない出来事が並ぶでしょう。

次に、その出来事が起こった時、具体的にどんな気分だったか、どんな行動をとったのか、そのことによって、状況が変わったのか、変わらなかったのか、今の自分に

ライフラインチャート（例）

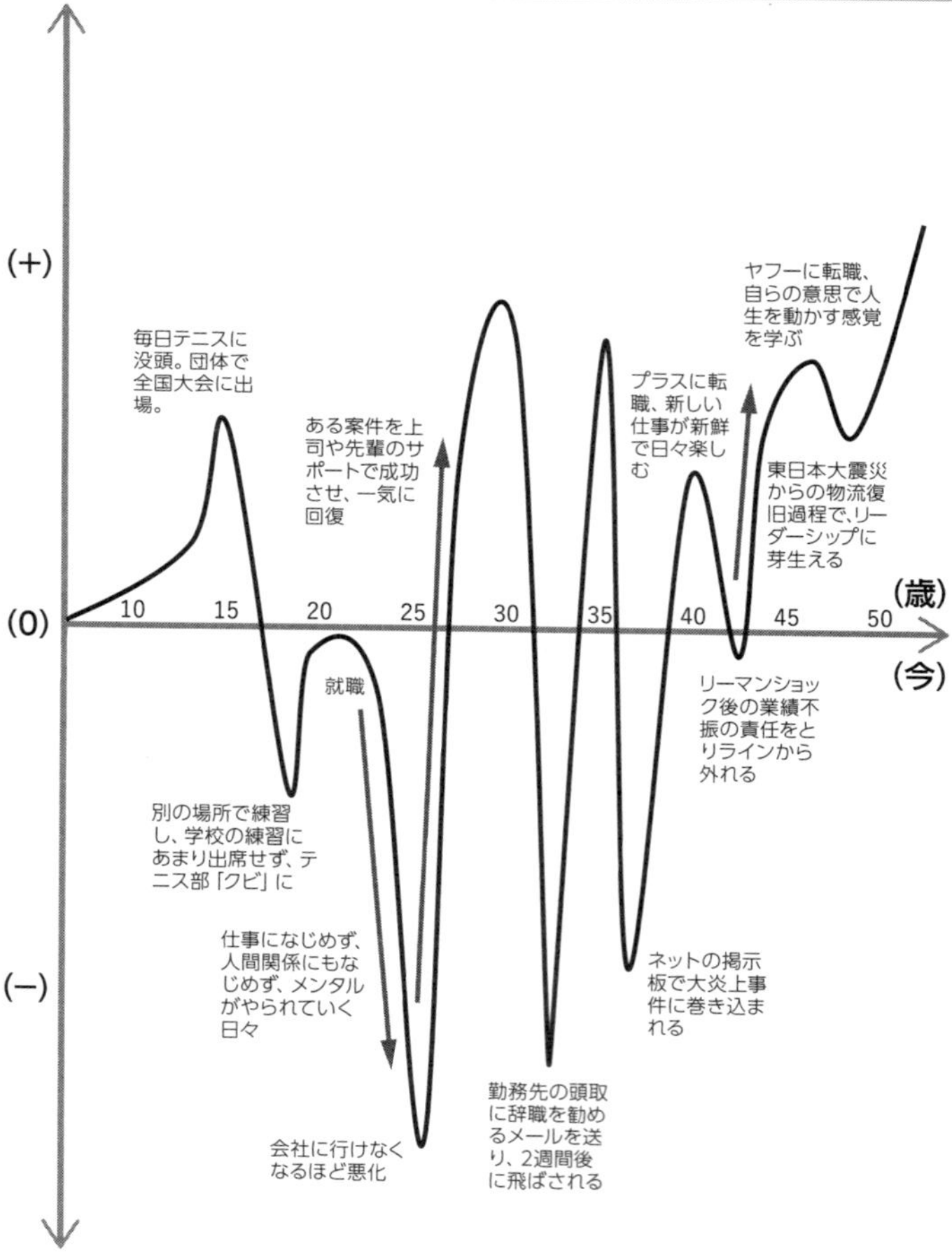

どう影響していくかを考えます。Ｙａｈｏｏ！アカデミアで行なう時は、グループで対話しながら、深く考えていきます。自分の心の反応だったり、出来事や環境にどんなアクションをとったのかということを時系列で人に話し、周りが質問し、答えていく。自分は、どういうことがあるとモチベーションが上がるのか、それとも下がるのかということがわかってきます。そして、様々なきっかけを思い出すことで、自分の人生がどういう要素で構成されているか、その時どんなことを思っていたかということが、徐々に明確になっていきます。

②現在の価値観を知る

ステップ２では、棚卸しした様々な経験から、自分がどんなことが好きで、どんなことが嫌いなのか、何を大事にしているのかということを明確にします。それが価値観そのものです。

- **自分が大切にしているものは何ですか**
- **その中でも、仕事をするうえで絶対譲れない想いはなんですか**

・それは過去の経験とどこでつながっていますか

このように内省と対話を繰り返しながら、抽象化する作業を繰り返すことによって、価値観を再確認していきます。価値観というものは、日々自分の人生を生きる中で形成されているものなので、日常的にあまり意識することはないでしょう。そこで、過去、つまり自分の価値観が形成されていった過程をさかのぼりながら、「内省と対話」を通じて、価値観を認識し、さらに価値観の中で、自分が意思決定するうえで判断基準としている自分の軸を言葉にしていくのです。

これをＹａｈｏｏ！アカデミアで行なう時は、自分でつくったライフラインチャートについて4人組くらいで対話します。1人が説明し、そのほかの人が質問するということを繰り返します。

ライフラインチャートを書いて考える（内省）だけでも自分自身への気づきにはなりますが、人に話すことでそれを言語化することができますし、ほかの人から思ってもみなかった質問を受けることで、新たな気づきが生まれます（対話）。またほかの人のライフラインチャートを聞くことで、ほかの人の人生に触れる機会が生まれます。すると「彼はこんなことを考えるんだ。自分だったらどうするだろう」「彼女はこんな選択をしたんだ。自分ならそれはできない」と自分と比較して考えることができるようになり、自分の人生への深い気づきが生まれます。

この本を読んだ後で、ライフラインチャートを書かれたら、そこで気づいたことをぜひ友人に話してみてください。「自分でこんなことを大事にしているんだ」とより深く自分の軸に気づけるかもしれません。

自分の中に軸がない時には まずは「仮置き」する

では、自分の軸が見つからない時は、どうしたらいいのでしょうか。といいますか、無意識のうちに考えていることなので、そんな簡単に自分の軸には気づけないでしょう。

そんな時は、まずは「仮置き」してみることをお勧めします。

私は36歳の時、それまで勤めていた銀行を退職し、プラスという文房具、オフィス家具の製造、販売をしている会社に転職しました。

それまでは会議などで自分の意見を求められても、なかなかポジションをとれませんでした。その場その場の対応になってしまう。話しながら、自分でもしっくりこない。「自分はどうしたいのか」という軸が定まっていませんでした。

プラスに転職したのは、オーナーである今泉嘉久会長に惹《ひ》かれたからです。今泉会長は「新しいアイデアを使って、古い産業、サービスを全体最適の視点で変えていく」「お客様満足が重要なんだ」といつも仰っていて、その言葉に強い感動を覚えました。今でこそ当たり前かもしれませんが、バブルの空気が残っていた当時、「顧客満足だ、全体最適だ」と断言している経営者は少なかったように思います。

私は、今泉会長の頭の中を「パクる」ことにしました。今泉会長の言葉を一言一句も聞き漏らさないように耳を傾け、仕事で意思決定の局面に立った時には「今泉会長なら、どんな判断をするだろう？」「今泉会長なら、こんな時、どう振る舞うだろう」と必ず考えるようにしました。

当時、自分の中には明確な軸がありませんでしたから、いわば今泉会長の持つ「軸」を自分の中に仮置きでインストールしたのです。

借り物ではありますが、その軸を使うと、色々な判断をすることができるようになります。

すると自然に、日頃から目にしている色々な事象も、今泉会長の軸で感じたり判断するようになります。本を読んでも「今泉会長なら、ここから何を学んで、どんな行動に移すか」、失敗しても「今泉会長ならどうリカバリーするか」そんなふうに考え続けるわけです。

ほとんどストーカーのようですが、今思えば、これが私にとってビジネスパーソンとして軸を持った最初の一歩でした。36歳にしての、大変遅い一歩です。

もちろん、自分自身の軸ではありませんから、たまに無理が生じます。借り物である軸と、実際の判断や感情がずれるのです。

仮置きして、やりはじめて、たまに失敗する。なぜ失敗したんだろうと考えてみる。するとだんだん仮置きした軸の上に、自分の行動と振り返りが積み重なっていく。その繰り返しをしているうちに、いつしか、その軸は借り物ではなく、私自身の軸になっていたのでした。

自分自身の軸を見出すためには、自分の人生を見つめることが必要です。過去を振り返り、現在を見つめ、未来に想いを馳せる、ということです。

ただ、それには時間がかかります。それに机の上で考え続けて結論が出るわけでもありません。自分の人生を見つめ、実際の行動と振り返りを通じて、軸は明確になっていくものだからです。

だから、まず最初に「動く」ためには、自分が好きな人や尊敬する人の軸を「仮置き」で移植してみることをお勧めしています。

憑《ひょう》依《い》する力を鍛える

これは必ずしも、身近な人の軸である必要はありません。本に登場する経営者でも、スティーブ・ジョブズだってイーロン・マスクだって構わないのです。自分の尊敬する人の軸を仮置きしてみましょう。先に述べた「自分の仮想フォルダ」に経験の蓄積をしていくのと近いです。

なんなら、実在の人物でなくても構いません。

私は漫画が好きでよく読みますが、『サラリーマン金太郎』の主人公である金ちゃんの行動は、常に自分の軸となっていました。もちろん全然近づけもしないのですが、こうありたい、と思って目標にしていました。

仕事で修羅場を経験した時には「自分がビジネススクールの教材の主人公だったら」と思いながら行動していました。ビジネスですから、正解などありません。経営者の判断が一歩間違えば、社員も家族も路頭に迷います。そんな状況で、どう意思決定してどう振る舞えばいいのか、主人公を憑依させるのです。最初は妄想ですが、その仮置きの軸に従って行動して、振り返って……を繰り返して自分の軸になってくる。「ここでみんなを不安がらせてはいけない」「迷ったらワイルドに、リスクをとっていこう」という軸が明確になっていきます。

後日談ですが、この時の修羅場の経験は、グロービスで教材として取り上げられました。教材の主人公になれるように行動していたら、実際にそうなってしまったというオチがつきました。

時には軸を仮置きして、色々なことに好奇心を持ち、「あの人だったらどんなふうに判断するんだろう」と妄想して、それを現実に当てはめていく。**こうしたプロセスを繰り返していくことで、どんどん動けるようになっていきます。**シミュレーションです。

ちなみに、「軸」は1つでなくても構いません。「人は変われる」「フラットでいたい」「目的のためにやりたいことは全部やる」「迷ったらワイルドなほうを選ぶ」。どれも私の軸です。

仕事では「売上を上げる」という軸があってもいいと思いますが、それだけだと「どうやって売上を上げるのか」がイメージしにくいということがあります。より生き方につながる抽象度の高い軸、たとえば、「お客さんの笑顔を増やす」といった軸のほうが瞬間的に動きやすくなると思います。

プラスで物流の仕事をしていた時、お客さんから注文の品が届かないという電話をいただいたことがありました。聞けば、幼稚園の卒園式で明日使う名札がまだ来ていないというのです。それを聞いて、私は「お客さんがハッピーになるなら新幹線で届けに行こう」と、チームの1人に届けてもらいました。

普通は「名札1つに新幹線なんて赤字になる」「ほかにも届かなくて困っている人はいるのに、その人だけ届けるのはどうか」と考えるでしょう。「自己満足だ」と非難されるかもしれないと躊躇する人もいるでしょう。しかし、この時の私は「お客さんを笑顔にする」という軸に従って直感的に決めていました。それは自分の軸に従って判断するしかありません。そして実際にやってみると、それが「自分にとって正しかったのか、おかしかったのか」ということがわかります。それを繰り返して、軸が強くなっていくわけです。

動きながら、客観的に自分はこんな軸を大事にしているんだと認識し、また行動するのです。

本当にすぐ動ける人は、すでに「軸」と一緒になった自分の行動サイクルができていて、認知する必要もなく動いているのかもしれません。

でも、まだそこまではない、という人は、意識することで軸が太くなります。するとその瞬間瞬間で軸に基づいて判断して動くことができるようになります。それで間違ったら、方法を見直せばいいだけです。

会社のビジョンと自分のビジョンが合わない時

もしも自分の軸と会社の方向性がいつもまったく合わないとしたら、正直な話、別の会社や仕事を探したほうがいいのではないかと思います。

ただたいていの場合、常に合わないのではなく、ひとつひとつの業務でズレが生じていることが多いのではないでしょうか。

まず、自分だったらどうするかを考えてみます。

そして、会社の方向性と合わないようなら、折り合いをつける方法を考えます。どう考えても自分のほうが正しいだろうと思ったら、交渉します。「これおかしいんじゃないですか？」「こうしたほうがいいんじゃないですか？」と上司や担当者に納得してもらうよう働きかけます。

しかし、その結果、自分の考え通りに進むことは稀《まれ》でしょう。

部長に肩を叩かれて「お前の言いたいこともわかるけどな。今回は仕方ない」と言われることもあるでしょう。

主張した結果、考えが通らなかったら仕方ありません。仕方なく矛を収めることも大事です。

それでも、最初から自分の軸を持たず、会社の言うがままになっていることと、まずは自分の頭で考えて「こうするべきだ」と考えるのは、天と地ほどの隔たりがあります。


組織に所属していると、自分の軸で考える習慣がなかなか身につきません。また考えたところで無駄足に終わったり、叩かれることもしょっちゅうです。

ただ、そこで言い続けることが大事です。

言い続けているうちに、「そうかもしれないね」と相手が動くかもしれません。

相手の動かし方を少しずつ学ぶことができるかもしれません。

最初から「会社に何を言ったって無駄だ」と諦めている人は、自分の人生の主導権を自ら手放しているのと同じです。

自分なりの仮説を立てて、アクションしなければ、自分のやりたいことに向けて「動く」ことなどできません。

怖い上司になぜわざわざそんなことを言わなければいけないのかと思うかもしれません。言わずに諦めたほうが楽でしょう。

けれども、あなたは何のために仕事しているのでしょうか。

上司のために仕事しているのでしょうか。

そうではなく、自分のため、お客さんのため、社会のために働いていると思うなら、そのために何が正しいと思うのか、自分の意地をかけて踏みとどまって考えるべきです。

軸があると「自信」が持てる

結局、自信を持ってすぐ動くためには、ロジカルシンキングも大事ですが、もう一方でマインドの問題、つまり生き様とか覚悟とか、そうした迫力のような部分が必要なのです。

「仮置き」でもいいので、軸を持ってリアルに立ち向かえば、そこに学びがあります。「思っていた通りだった」ということもあるかもしれないし、「実際は違った」のであれば、軸をずらせばいい。これを繰り返していけば、それは経験として積みあがっていくし、どんどん確度が高まっていきます。

本書では、「仮説」を生む習慣をつくるために、「志」「妄想」「好奇心」の３つを紹介しました。

「志」があれば、そこにたどり着くためにはどうするべきか、という「妄想」が生まれます。常に「自分だったらそうするか」と志と照らし合わせて考えられますので、すぐに「結論」が立てられます。

そして、「志」と「妄想」があれば、自然にそこにつながる情報を集めようとしますので「好奇心」が生まれます。すると、「結論」につながるネタが収集できますので、常に「仮説」ができている状態になります。

このサイクルを回せると、軸・志が鍛えられ、自分が人生や仕事で何を成し遂げたいのか、というゴールに近づきやすくなります。

まとめ

自分の軸が明確になっていると、自信を持って結論を出せ、動けます。

・軸は価値観の中から生まれるもの

・価値観は、過去の経験の蓄積から生まれるもの

・志は、軸の上にあるもの

つまり、過去（経験）、現在（価値観、軸）、未来（志）を常に意識し、自分の想いを鍛えていきましょう。

あとがき

お読みいただき、ありがとうございました。いかがでしたか？

この本を読めば、今日からたちまち動けるように……とは最初はならないかもしれません。最初の一歩目は結局、自分で動くしかありません。でも軸を持って、自分から動くから、動けるようになるんです。だから『0秒で動け』なんです。

私も日々チャレンジしています。自分がもがきながら得てきたことを、現在進行形の学びとして共有したのがこの本です。自分で苦しみながら行動してきたこと、そこから得られたことの蓄積であります。ですから、リアリティはあると思っています。

それを形にしました。

当然ながら、形にするにあたっては、1人でできたものではありません。

これまで30年近く仕事をするうえで繋がりがあったすべての皆さん、Ｙａｈｏｏ！アカデミアやグロービス 経営大学院の受講生の皆さん、壁打ち相手をさせていただいたスタートアップの皆さん、一人ひとりと触れて受けた刺激の蓄積でもあります。それが、この本のベースになっています。ありがとうございました。

『1分で話せ』でコンビを組んだ多根由希絵さんと繰り返しディスカッションし、粘土細工のように構成を作っていきました。そして渡辺裕子さんに言語化をお願いし、客観的に振り返りブラッシュアップすることができました。尾崎哲郎さん、伊藤紗恵さんには「動くうえでのもやもや」に関する取材のご協力をいただきました。ほか、装丁をご担当頂いた方、出版社の方、印刷会社の方、など皆さんのおかげで形にすることができました。ありがとうございました。

目標というにはおこがましく、憧れ、という存在ですが、私には仕事をするうえで、3人の師匠がいます。未熟者だった私を、仕事を通していちから育てていただいたプラスの今泉嘉久会長、学びの場をいただき、その後は教える場をいただいているグロービス経営大学院の堀義人学長、そしてソフトバンクアカデミアで人生を揺るがす刺激をいただきましたソフトバンクの孫正義会長。このお三方との出会いが、常に私の「踏み出し、走り続ける原動力」になっています。ありがとうございます。

すべては、これを読んでいただいた皆さんのお役に立てれば、という思いです。読めば動けるようにならなくても、踏み出すきっかけにはなります。

大丈夫。きっとできます。今から、動きましょう。その一歩は、人生が動き出す、大きな一歩です。

２０１９年７月

伊藤　羊一

著者：伊藤羊一（いとう よういち）

ヤフー株式会社 コーポレートエバンジェリスト Yahoo! アカデミア学長。株式会社ウェイウェイ代表取締役。東京大学経済学部卒。グロービス・オリジナル・MBA プログラム (GDBA) 修了。1990 年に日本興業銀行入行、企業金融、事業再生支援などに従事。2003 年プラス株式会社に転じ、事業部門であるジョインテックスカンパニーにてロジスティクス再編、事業再編などを担当した後、2011 年より執行役員マーケティング本部長、2012 年より同ヴァイスプレジデントとして事業全般を統括。
かつてソフトバンクアカデミア（孫正義氏の後継者を見出し、育てる学校）に所属。孫正義氏へプレゼンし続け、国内 CEO コースで年間 1 位の成績を修めた経験を持つ。
2015 年 4 月にヤフー株式会社に転じ、次世代リーダー育成を行う。グロービス経営大学院客員教授としてリーダーシップ科目の教壇に立つほか、多くの大手企業やスタートアップ育成プログラムでメンター、アドバイザーを務める。

0秒で動け

2019 年 8 月 29 日 初版第1刷発行
2021 年 8 月 2 日 初版第7刷発行

著　者　伊藤羊一
発行者　小川　淳
発行所　SB クリエイティブ株式会社
〒 106-0032 東京都港区六本木 2-4-5
電話 03-5549-1201（営業部）
編集協力　渡辺裕子
装丁　三森健太
本文イラスト　ひらのんさ
本文デザイン・DTP　ISSHIKI
校正　新田光敏
編集担当　多根由希絵
印刷・製本　三松堂株式会社

ISBN978-4-8156-0024-2